CB120628

# RECRIE

n. 1 • dez/2010

## Revista de Ensaios dos Cursos de Relações Internacionais e Economia

Organizador

Adílson Alves

RECRIE - Revista de Ensaios dos Cursos de Relações Internacionais e Economia é uma publicação periódica, dos Cursos de Relações Internacionais e Economia do Centro Universitário Fundação Santo André, vinculada à Pró-Reitoria de Pós-Graduação, Pesquisa e Extensão.

A publicação dos artigos não é remunerada, sendo permitida a reprodução total ou parcial dos mesmos, desde que citada a fonte.

Os textos aqui apresentados são de inteira responsabilidade de seus autores, não refletindo, necessariamente, a opinião do Centro Universitário Fundação Santo André e/ou da Editora Porto de Idéias.

CUFSA - Centro Universitário Fundação Santo André

**Reitor**
Oduvaldo Cacalano

**Editor**
Adilson Alves

**Comissão Editorial**
Alexandre Augusto Pereira Gaino
Me. Fabiana Rita Dessotti
Me. Ivan Prado Silva
Dr. Marco Antonio Teixeira
Me. Marcelo Buzetto
Me. Mojana Vargas Correia da Silva
Me. Ricardo Balistiero
Me. Verenice Pavan Garcia Abdulmacih
Me. Tomaz Espósito Neto

Editora Porto de Idéias

**Editor**
Sebastião Haroldo de F. Corrêa Porto

**Conselho Editorial**
Carlota J. M. Cardozo dos Reis Boto
Célia Maria Benedicto Giglio
Daniel Revah
João Cardoso Palma Filho
Luiza Helena da Silva Christov

**Revisão**
Silvana Pereira de Oliveira

**Projeto Gráfico e Capa**
Feco Porto

Ficha catalográfica elaborada pela Biblioteca Comunitária da FSA

Recrie – Revista de Ensaios dos cursos de Relações Internacionais

e Economia / Centro Universitário Fundação Santo André; organização de Adilson Alves. – ano 2, n.1 (dez. 2010). – Santo André: CUFSA; São Paulo: Porto de Idéias, 2010.

Anual

ISSN 2179-6327

1. Economia – periódicos 2. Relações internacionais- periódicos I. Centro Universitário Fundação Santo André II. Adilson Alves (org.)

CDD – 330

**CUFSA - Centro Universitário Fundação Santo André**
PROPPEX - Pró-Reitoria de Pós-Graduação, Pesquisa e Extensão
Av. Príncipe de Gales, 821, Bairro Príncipe de Gales
Santo André - SP – 09060-650
Fone/Fax: (11) 4979-3428
recrie@fsa.br

**Editora Porto de Idéias**
Rua Pirapora, 287 – Vila Mariana
São Paulo – SP – 04008.060
Tel. (11) 3884-3814 – Fax (11) 3884-5426
portodeideias@portodeideias.com.br
www.portodeideias.com.br
twitter.com/portodeideias

# Editorial

A Revista RECRIE conta com o apoio da Reitoria do Centro Universitário Fundação Santo André que objetiva, por meio desta publicação, informar a comunidade acadêmica sobre os trabalhos científicos desenvolvidos.

A Pró-Reitoria de Pós-Graduação, Pesquisa e Extensão saúda o corpo docente e discente pela edição da revista RECRIE. A concretização da revista é uma conquista do envolvimento dos vários grupos (docentes, discentes, funcionários e administração). É com esse espírito que esperamos que esta publicação venha a engrandecer as atividades de nossa Instituição.

Desejamos a todos uma ótima leitura e que este segundo* número continue favorecendo o diálogo permanente com a comunidade, refletindo em benefício a todos.

Márcia Zorello Laporta
Pró-Reitora de Pós-Graduação, Pesquisa e Extensão.

* O primeiro número, em formato eletrônico, está disponível em: http://www3.fsa.br.proppex/recrie/index.html

# APRESENTAÇÃO

Neste segundo número da Revista *RECRIE*, agora em forma impressa, mantivemos o objetivo de fortalecimento da pesquisa e do pensamento crítico, livre e responsável. Na seção *Artigos* apresentamos uma pauta diversificada, com temas como história econômica geral e política, desenvolvimento socioeconômico e regional, e política e relações internacionais. Na seção *Comunicação e Pesquisa* temos um trabalho de pesquisa em andamento sobre gastos públicos em empresas locais no Município de São Bernardo do Campo. Na seção *Resenhas*, a avaliação da política externa brasileira no período da argentina peronista e a formação das fronteiras do Brasil de 1492 a 1912.

Para esse trabalho contamos com a imprescindível colaboração de vários profissionais aos quais deixamos nossos sinceros agradecimentos:

Aos professores, Alexandre Augusto Pereira Gaino, Fabiana Rita Dessotti, Ivan Prado Silva, Marcelo Buzetto, Marly Maria Cammarosano Kopczynski, Mojana Vargas Correia da Silva, Ricardo Balistiero, Rosineide de Melo, Verenice Pavan Garcia Abdulmacih e Tomaz Espósito Neto.

A aluna do Curso de Relações Internacionais, Triana Tranjan Thon pela correção dos "abstracts".

Em especial ao professor Luiz Carlos Barbosa de Lima, presidente da Associação dos Docentes do CUFSA, pela compreensão da importância da pesquisa para a formação do corpo discente e docente (pesquisadores) e para o avanço do Centro Universitário Fundação Santo André.

A todos que de alguma forma contribuíram para a realização desse trabalho.

Adilson Alves

# APRESENTAÇÃO

# SUMÁRIO

## Artigos

**Resenhas**



**Comunicação de pesquisa**

# SÃO PAULO: A CRISE DA ECONOMIA CAFEEIRA E A INDUSTRIALIZAÇÃO NA DÉCADA DE 1930

JULIO CESAR ZORZENON COSTA*

* Doutor em História Econômica pela Universidade de São Paulo – USP. Professor do Centro Universitário Fundação Santo André – CUFSA – e da Universidade Municipal de São Caetano do Sul – USCS.

**Resumo**

Este trabalho visa discutir a relação entre a crise da economia cafeeira e a industrialização nos anos 1930. Debater porque a crise da economia exportadora cafeeira permitiu que o desenvolvimento industrial se desvinculasse da economia exportadora cafeeira e se tornasse o centro dinâmico da economia brasileira e porque a industrialização se concentrou, principalmente, na cidade (e posterior região metropolitana) de São Paulo. O Trabalho procura, também, explicitar as principais divergências entre duas teorias que procuram compreender esse processo, a Teoria dos Choques Adversos e a Teoria do Capitalismo Tardio.

**Palavras-chaves**

Economia Cafeeira; Industrialização; Teoria dos Choques Adversos; Teoria do Capitalismo Tardio.

**Abstract**

This work aims to discuss the relationship between the crisis of the coffee economy and industrialization in the 1930s. Debates why the crisis in coffee export economy has allowed the industrial development to be disconnected from the coffee export economy and become the dynamic center of the Brazilian economy and why the industrialization was concentrated mainly in the town (and later metropolitan area) of Sao Paulo. The work demand also explain the main differences between two theories that seek to understand this process, the Theory of Adverse Shocks and the Theory of Late Capitalism.

**Keywords**

Coffee economy; Industrialization; Theory of adverse shocks; Theory of Late Capitalism.

# Introdução

Quando se procura discutir o processo de industrialização no Brasil, e mais particularmente o de São Paulo, como é o objetivo deste trabalho, a década de 1930 é um marco importante. Foi nessa década, mais precisamente a partir de 1933[1], que o processo brasileiro de industrialização passou a ocorrer de forma autônoma em relação à atividade econômica exportadora, retirando dessa última o caráter dinamizador da economia nacional. Foi nessa mesma época, também, que o capitalismo brasileiro iniciou a sua passagem de uma economia primário-exportadora para uma economia de feições cada vez mais urbano-industriais. Esses processos, por sua vez, tiveram como espaço privilegiado o Estado de São Paulo, principalmente em sua capital e áreas próximas, pois foram fortemente concentrados nessas regiões.

Isso não quer dizer que a industrialização brasileira e paulista tenha se iniciado nesse período. Pelo contrário, ela é resultado de um longo e descontinuo processo de amadurecimento e acúmulo, tendo vivenciado iniciativas anteriores que apresentaram, contudo, um caráter limitado. O limite ao seu desenvolvimento era dado pelo caráter secundário, dependente e subordinado que a indústria possuía no complexo econômico exportador, dominado pela cafeicultura, que dinamizava, até então, a economia brasileira.

Por outro lado, a industrialização que se estabeleceu no pós 1930, apresentou, até a segunda metade da década de 1950, um caráter fortemente restrito, pois se baseou na produção de bens de consumo e intermediários, com pouca

1. Essa data aparece como importante em diferentes autores utilizados na sequência deste trabalho.

densidade de capital. Embora tenha dado início a uma diversificação econômica, a sua grande debilidade foi a incapacidade de impulsionar, naquele momento, a constituição de um departamento de bens de produção.

A especificidade do desenvolvimento da industrialização no imediato pós 1930 – com a necessária diferenciação do que ocorreu no período anterior – e o caráter restrito de seu desenvolvimento colocam em questão as características do período em que a industrialização alcança a sua dinâmica própria, pois a mesma é coetânea da crise da economia capitalista exportadora cafeeira. Processo esse que não esteve desvinculado da grande depressão econômica mundial iniciada em 1929 e das transformações institucionais e econômicas provocadas pela Revolução de 1930.

Assim, este trabalho visa discutir a relação entre a crise da economia cafeeira e a industrialização nos anos 1930. A partir do confronto entre duas teorias que procuram compreender esse processo: a Teoria dos Choques Adversos e a Teoria do Capitalismo Tardio[2]. Entender porque a crise da economia exportadora cafeeira permitiu o desenvolvimento autônomo da indústria e esse mesmo desenvolvimento ter como "base de localização" o Estado e a cidade (e posterior região metropolitana) de São Paulo. Explicitar as principais divergências entre as duas teorias mencionadas acima na explicação do deslanche desse processo.

2. A denominação dessas duas teorias baseou-se na denominação utilizada por Wilson Suzigan. Ver SUZIGAN, Wilson. *Indústria Brasileira:* Origem e desenvolvimento. São Paulo: Brasiliense, 1986. p. 29.

# A concentração Industrial em São Paulo: A Importância da Economia Cafeeira Exportadora

A visão de que a década de 1930, mais precisamente o ano de 1933, representou o início da industrialização brasileira, a partir de um processo autopropulsionado, ou seja, sem estar subordinado à economia capitalista exportadora, é bastante aceita entre os estudiosos do assunto.

Esta visão encontra-se presente, por exemplo, em Celso Furtado (2000, p. 210 - 211), que no seu estudo clássico afirma:

> [...] o fator dinâmico principal, nos anos que se seguem à crise, passa a ser, sem nenhuma dúvida, o mercado interno. A produção industrial, que se destinava em sua totalidade ao mercado interno, sofre durante a depressão uma queda de menos de 10 por cento, e já em 1933 recupera o nível de 1929. [...] É evidente, portanto, que a economia não somente havia encontrado estímulo dentro dela mesma para anular os efeitos depressivos vindos de fora e continuar crescendo, mas também havia conseguido fabricar partc dos materiais necessários à manutenção e expansão de sua capacidade produtiva.

Visão Semelhante, embora com enfoque diferente, aparece em João Manuel Cardoso de Mello (1994, p. 109-110):

> O período que se estende de 1888 a 1933 marca, portanto, o momento de nascimento e consolidação do capital industrial. [...] *Penso que em 1933 se inicia uma nova*

> *fase do período de transição, porque a acumulação se move de acordo com um novo padrão. Nesta fase, que se estende até 1955, há um processo de industrialização restringida. Há industrialização, porque a dinâmica da acumulação passa a se assentar na expansão industrial, ou melhor, porque existe um movimento endógeno de acumulação, em que se reproduzem, conjuntamente, a força de trabalho e parte crescente do capital constante industriais.* (Grifo do autor).

O fato de a industrialização alcançar um dinamismo próprio, a partir da década de 1930, implica reconhecer que tal fenômeno tem origens anteriores. Suas origens, portanto, remontam ao período anterior, quando a economia brasileira se organizava fundamentalmente como uma economia primário-exportadora, ou seja, quando o seu setor mais dinâmico era o exportador.

No setor exportador, sem dúvida, o destaque cabia à economia cafeeira que se desenvolveu na região sudeste e foi responsável, nas primeiras décadas do século XX, por cerca de 70% do valor da pauta brasileira de exportações[3].

Assim, é evidente que as origens da indústria no Brasil diferem do modelo clássico, que teve vigência nos países centrais, e estão ligadas ao desenvolvimento da economia cafeeira, o que, por via de consequência, explica a sua concentração na região centro-sul, particularmente em São Paulo (estado e capital).

Em relação a esses aspectos: de que a economia exportadora cafeeira possibilitou a criação de um "núcleo capitalista" no Brasil, favorável à indução da industrialização, e que esse processo tendeu a se concentrar em São Paulo, também é possível observar uma certa concordância entre diferentes autores.

3. NEGRI, Barjas. *Concentração e desconcentração industrial em São Paulo (1880-1990)*. Campinas: Editora da Unicamp, 1996, p. 31.

Vejamos o que afirmam, a esse respeito, os dois autores anteriormente citados. Em Celso Furtado (2000, p. 249) podemos observar:

> O processo de industrialização começou no Brasil concomitantemente em quase todas as regiões. Foi no Nordeste que se instalaram, após a reforma tarifária de 1844, as primeiras manufaturas têxteis modernas e ainda em 1910 o número de operários têxteis dessa região se assemelhava ao de São Paulo. Entretanto, superada a primeira etapa de ensaios, o processo tendeu naturalmente a concentrar-se nessa região. A etapa decisiva de concentração ocorreu, aparentemente, durante a Primeira Guerra Mundial, época em que teve lugar a primeira fase de aceleração do desenvolvimento industrial. O censo de 1920 já indica que 29,1 por cento dos operários industriais estavam concentrados no Estado de São Paulo. Em 1940 essa percentagem havia subido para 34,9 [...].

Em João Manuel Cardoso de Mello (1994, p. 98-100) encontramos as seguintes passagens:

> Não pode subsistir qualquer dúvida de que a economia cafeeira assentada em relações capitalistas de produção engendrou os pré-requisitos fundamentais ao surgimento do capital industrial e da grande indústria. [...] o capital industrial nasceu como desdobramento do capital cafeeiro empregado, tanto no núcleo produtivo do complexo exportador (produção e beneficiamento do café), quanto em seu segmento urbano (atividades comerciais, inclusive as de importação, serviços financeiros e de transportes).

As divergências quanto ao processo de industrialização, que ganha impulso próprio a partir dos anos de 1930, situam-se, como veremos mais adiante, na forma de como se deu o relacionamento entre economia cafeeira e indústria. As divergências quanto a esse assunto vão, por sua vez, deixar explicitas as diferentes interpretações sobre o caráter da crise da economia cafeeira e seus impactos sobre a especificidade da industrialização no imediato pós 1930.

Mas, para que tais divergências fiquem mais claras, se faz necessário um pequeno esboço sobre as origens e desenvolvimento da economia cafeeira e a explicitação do porquê da mesma, ao contrário de outras economias exportadoras, ter permitido a São Paulo a liderança no processo de industrialização.

## A Economia Cafeeira

### As origens

Após a decadência da economia mineradora, em fins do séc. XVIII, a economia brasileira, no início do século XIX, mas principalmente a partir da década de 1820, já com o país independente, encontrou no café as bases para sua revitalização, enquanto economia baseada na produção de alguns gêneros destinados ao comércio internacional.

Embora já fosse cultivado em várias localidades do Brasil desde o século XVIII, como produto de consumo local, vai ser na virada dos séculos XVIII/XIX que o café alcança importância comercial, aproveitando o alargamento da demanda europeia, fruto da Revolução Industrial, e a oportunidade gerada pela desorganização da produção haitiana, colônia francesa que refletiu a agitação política da Revolução que se desenvolveu em sua metrópole. Essas novas situações provocaram uma alta generalizada nos preços do café, fator estimulante para a entrada de novos produtores, como no caso, os brasileiros.

Seguindo esta senda aberta no mercado internacional, o café brasileiro na década 1820:

> já contribuía com 18 por cento do valor das exportações do Brasil, colocando-se em terceiro lugar depois do açúcar e algodão. E nos dois decênios seguintes já passa para primeiro lugar, representando mais de quarenta por cento das exportações. [...] todo aumento que se constata no valor das exportações brasileiras, no correr da metade do século passado, deve-se estritamente á contribuição do café. (FURTADO, 2000, p. 118).

A Economia Cafeeira, como atividade destinada à exportação teve, inicialmente, a sua base produtiva localizada nas proximidades do Rio de Janeiro, capital do país desde a segunda metade do século XVIII, e pode ser considerada como a primeira economia nacional.

A afirmação do café como primeira economia nacional não se relaciona apenas ao fato dessa ter alcançado destaque após a Independência do Brasil, mas sobretudo pelo fato de a mesma ter se originado de capitais acumulados internamente, durante o período colonial:

> A economia mercantil-escravista cafeeira nacional é obra do capital mercantil nacional, que se viera formando, por assim dizer, nos poros da colônia, mas tomara notável impulso com a queda do monopólio de comercio metropolitano e com o surgimento de um muito embrionário sistema monetário nacio-

> nal, conseqüências da vinda, para o Brasil da Família Real, o passo decisivo para a formação do Estado Nacional. [...] Penso, especialmente, na invasão da órbita da produção pelo capital mercantil nacional. Está fartamente demonstrado, em primeiro lugar, que inúmeras fazendas de café, certamente as mais significativas, foram organizadas com capitais transferidos diretamente do setor mercantil (comércio de mulas, capital usurário urbano, tráfico de escravos, etc.). (MELLO, 1994, p. 54).

Esse capital nacional pôde mobilizar recursos produtivos, terras e força de trabalho, que se encontravam ociosos nas proximidades do Rio de Janeiro. Essas terras e os trabalhadores escravos voltavam-se, em princípio, ao abastecimento das zonas mineradoras. Essa atividade destinada ao abastecimento beneficiava-se do intenso transporte, por tropas de mula, que conduziam o ouro ao porto e regressavam às zonas mineiras com gêneros necessários às suas populações. Com a diminuição desses fluxos, fruto da decadência da atividade mineradora, as terras e os escravos ficaram subtilizados. Parte dessa subtilização compensou-se com a produção de gêneros para o abastecimento do Rio de Janeiro, cuja população, incrementada pela transferência da corte portuguesa, havia alterado os seus padrões de consumo. Entretanto, parcelas significativas dos recursos produtivos apresentavam possibilidades de serem utilizados em uma nova atividade de forte apelo comercial, como o café.

A chegada da produção cafeeira brasileira no mercado europeu provocou a queda nos seus preços. Contudo, isso não chegou a provocar problemas, visto que sua produção pôde se concretizar com a mobilização de recursos que se encontravam praticamente ociosos. Pelo contrário, aqueceu ainda mais a demanda pelo café, que passou a ser cada vez mais consumido por operários europeus:

> nas três primeiras décadas do século XIX, o café deixou de ser produto colonial, uma vez que seu consumo se generalizou. Para que isso pudesse ocorrer, os preços internacionais baixaram, em grande parte devido ao crescimento da oferta brasileira. (MELLO, 1994, p. 56).

O que foi apontado anteriormente explica a fixação da produção do café nas proximidades do Rio de Janeiro e sua expansão pelo interior fluminense, até o Vale do Paraíba paulista.

A produção cafeeira, no período em que se concentrou no Rio de Janeiro, interior fluminense e Vale do Paraíba paulista, não chegou a alterar as características socioeconômicas brasileiras. Apesar de ser iniciativa de uma "nova classe empresarial brasileira"[4] , essa atividade revigorou características típicas da colônia, como a ênfase no latifúndio e no escravismo: "Podemos compreender, neste momento, por que a empresa cafeeira surge como latifúndio escravista" (MELLO, 1994, p. 57).

A partir da década de 1840, mas muito mais vigorosamente a partir da década de 1850, a economia cafeeira começa a se estender para o oeste paulista[5]. A entrada do café

---

4. Conforme Celso Furtado (2000. p, 119), que assim destaca a atividade cafeeira como desenvolvida no Brasil por um novo tipo de empresário: "A etapa de gestação de economia cafeeira é também a de formação de uma nova classe empresária que desempenhará papel fundamental no desenvolvimento subsequente do país. [...] Desde o começo, sua vanguarda esteve formada por homens com experiência comercial. Em toda a etapa de gestação os interesses da produção e do comércio estiveram entrelaçados. A nova classe dirigente formou-se numa luta que se estende em uma frente ampla: aquisição de terras, recrutamento de mão de obra, organização e direção da produção, transporte interno, comercialização nos portos, contatos oficiais, interferência na política financeira e econômica".

5. Explicação detalhada desse processo encontra-se em MILLIET, Sérgio. *Roteiro*

para o interior paulista coincide com a ocorrência de várias transformações que estiveram na base da constituição de um núcleo capitalista no Brasil e que terá o seu ponto nevrálgico na cidade de São Paulo.

Para o entendimento dessas transformações, o ano de 1850 é uma data chave. Nesse ano ocorrem as promulgações da Lei de Proibição do Tráfico de Escravos (lei Eusébio de Queiroz) e da Lei de Terras (lei n. 601)[6]. Essas leis, que se encontram extremamente relacionadas, explicitam a crise do escravismo no Brasil e a necessidade de resolução do problema da força de trabalho para a cafeicultura, com a constituição de um mercado de trabalho no Brasil. Esses aspectos eram fundamentais para a possibilidade de expansão da economia cafeeira em moldes capitalistas, como afirma José de Souza Martins (1981, p. 122) ao tratar da relação entre extinção do tráfico, lei de terras e imigração: "A terra tornou-se acessível apenas ao possuidor de dinheiro". E completa "[...] a implantação dessa concepção de propriedade fundiária só vai adquirir claro sentido quando relacionada com a emergência do trabalho livre".

Esses problemas foram encarados de maneira mais direta na economia que começa a se desenvolver no interior de São Paulo. Dessa forma, os efeitos da constituição de uma economia exportadora tipicamente capitalista se refletiram com muito maior intensidade em São Paulo do que em outras partes do país, como, por exemplo, o Rio de Janeiro. Esta última cidade continuou sendo ponto de ligação de uma economia cafeeira exportadora que entrava em crise por permanecer escravista. São Paulo, ao contrário, passou a receber influxos

*do café e outros ensaios*. São Paulo: Coleção do Departamento de Cultura, 1943.

6. Dois instrumentos legais e administrativos, como a reorganização da guarda nacional e o código comercial, implantados no mesmo ano, são apontados, também, como complementares às leis citadas. Ver SHWARCZ, Lillia. *As barbas do Imperador.* São Paulo: Companhia das Letras, 1998. cap. 4.

de uma nova forma de organização da produção exportadora e teve, por isso, como veremos mais adiante, condições de se estabelecer como centro de articulação de um núcleo capitalista em gestação.

Para maior entendimento dessas questões será interessante fixar-se um pouco mais nas transformações pelas quais a economia cafeeira passou a partir de 1850.

## Transformações na economia cafeeira

Após 1850, a cafeicultura de base escravista entrou em uma crise decisiva devido à crônica falta de braços, uma vez que a lei de população escrava era francamente negativa:

> [...] o que se via, até 1850, era uma elevadíssima taxa negativa de crescimento, a tal ponto que Taunay pudera dizer que a "América devora os pretos". [...] tenho de recordar que o dia de trabalho era de quinze a dezoito horas, a alimentação, parca e desequilibrada, as condições de habitação e higiene, infra-humanas, e que, de outra parte, na composição do estoque havia uma notável preponderância de homens.
>
> Como impedir que verminoses, doenças do peito, morféia, tétano, epidemias, e tantas mais dizimassem o "plantel"? Como obstar que a própria morte se transformasse no protesto desesperado porque solitário? Como deixar de obter máxima desproporção entre homens e mulheres, se era impossível constituir uniões permanentes na promiscuidade das senzalas? Como, então, a América deixaria de devorar os pretos? (MELLO, 1994, p. 60-61).

Uma forma de se amenizar a situação foi o tráfico inter-regional de escravos. Entretanto, esse paliativo não resolvia diretamente o problema da mão de obra, primeiro pela exiguidade da oferta diante da necessidade, já que a marcha produtiva do café, com a formação de novos cafezais, continuava e, segundo, porque provocava alta constante nos preços dos escravos[7].

É evidente que tal situação impactava muito mais fortemente os novos cafezais do oeste paulista, região que possuía planteis de escravos bem menos estabilizados, porque mais recentes. Isso é demonstrado pelo quadro abaixo:

Quadro I. Preço Médio dos Escravos, nas Fazendas Novas, no oeste Paulista, 1843-1887.

| Período | Preço em mil-réis |
|---|---:|
| 1843-1847 | 550$000 |
| 1848-1852 | 649$500 |
| 1853-1857 | 1:177$500 |
| 1858-1862 | 1:840$000 |
| 1863-1867 | 1:817$000 |
| 1868-1872 | 1:792$500 |
| 1873-1877 | 2:076$862 |
| 1878-1882 | 1:882$912 |
| 1883-1887 | 926$795 |

Fonte: Warren Dean: *Rio Claro* – A Brazilian Plantation System, 1820/1920. p. 55. Informação extraída de MARTINS, José de Souza. *O cativeiro da terra.* São Paulo: Ciências Humanas, 1981. p, 27.

E não era somente pela falta de braços que o café do oeste paulista era prejudicado pelas relações escravistas de produção. O escravismo impunha limites para a interiorização da

7. Devemos lembrar que os escravos vinham de regiões menos dinâmicas economicamente que a região cafeeira, entretanto, seu preço era alto, pois a sua transferência significava, na maior parte das vezes, a renúncia de seus antigos proprietários em continuar desenvolvendo as suas atividades econômicas. Tal renúncia produtiva deveria, portanto, ser compensada com altos lucros na venda dos escravos.

produção, pelo que representava em custos de transporte, já que, obviamente, a atividade de transporte numa produção escravista deveria ser, normalmente, também escravista, ou seja, baseada no uso de escravos e de tração animal. Segundo João Manuel Cardoso de Mello (1994, p. 63-64):

> [...] ocupar, sempre, novas terras próprias ao café exigiria, a partir de certo ponto, interiorização, o que provocaria, dentro dos limites da economia mercantil-escravista, *elevação persistente dos custos de transporte* (grifo do autor). Entendamo-nos bem. Quando digo dentro dos quadros da economia mercantil-escravista, quero me referir ao fato de que a um setor produtor mercantil e escravista deve corresponder um setor de transportes também mercantil e escravista. Quer dizer, um setor independente, apoiado no trabalho escravo e na força animal, desde que a presença do escravo, ainda aqui, impunha limites estreitos à tecnologia adotada.
>
> Deste modo, a elevação contínua dos custos de transporte promoveria, coeteris paribus, a queda também continuada taxa de lucro, até o ponto em que travaria a acumulação.

A utilização de escravos no transporte, por outro lado, agravava a situação da falta de braços, pois desviava uma boa parte dos trabalhadores, já escassos, da atividade direta com os cafezais e, ainda mais, devido ao longo tempo de viagem – por caminhos que atravessavam lugares de alta pluviosidade, como a Serra do Mar – até o Porto de Santos, provocava uma substancial perda de qualidade do café.

A introdução da ferrovia, principalmente, e de equipamentos mecanizados para secagem e beneficiamento de café vieram minimizar os problemas anteriormente apontados.

Permitiram poupar trabalho escravo, possibilitaram a ampliação da velocidade de transporte, com a consequente redução de seus custos, e favoreceram a melhoria na qualidade dos grãos que chegavam ao porto de Santos.

No entanto, a vantagem da introdução dessas duas inovações não se limitou ao que já foi relatado. As mesmas acabaram por demonstrar que se iniciava a constituição de um núcleo tipicamente capitalista no interior paulista. Foram atividades que se basearam na utilização de trabalho livre, e com isso, conseguiram demonstrar, comparativamente, a superioridade produtiva do trabalho livre relativamente ao trabalho escravo. E mais, demonstraram a possibilidade de diversificação de investimentos para o capital cafeeiro.

As ferrovias são favoravelmente elucidativas dessa situação[8]. Após a conclusão, pelo capital inglês, da primeira ferrovia, ligando Santos a Jundiaí (a São Paulo Railway), a extensão das estradas de ferro pelo interior paulista foi iniciativa dos próprios cafeicultores. A Companhia Paulista de Estrada de Ferro, que ligou Jundiaí à região de Araraquara e, posteriormente, às barrancas do rio Paraná, foi constituída por uma sociedade de cafeicultores. A Companhia Mogiana, que ligou Campinas a Ribeirão Preto, importante região cafeeira, foi, praticamente, iniciativa de um único cafeicultor, Antonio de Queiroz Teles[9].

Entretanto, o fator decisivo para o deslanche da cafeicultura do oeste paulista e, ao mesmo tempo, indicativo da superação da crise da cafeicultura escravista, foi a introdução do trabalho livre, via a imigração maciça de trabalhadores europeus, subvencionada pelo Estado.

8. É importante ressaltar que as máquinas de secagem e beneficiamento de café foram desenvolvidas por fazendeiros paulistas. Ver SILVA, Sérgio. *A expansão cafeeira e as origens da indústria no Brasil*. 7. ed. São Paulo: Alfa-Ômega, 1986, p. 48.

9. Maiores detalhes em MONBEIG, Pierre. *Fazendeiros e Pioneiros de São Paulo*. São Paulo: Hucitec, 1984, segunda parte, cap. 1.

Após uma série de iniciativas fracassadas de introdução do trabalho livre, tais como a experiência da parceria, iniciada por Nicolau Vergueiro em 1847[10], antes mesmo da proibição do tráfico, na Fazenda Ibicaba (atualmente município de Cordeirópolis) e das colônias particulares[11], o governo provincial, logo acompanhado pelo governo imperial, inaugurou, em 1870, a prática de subvenção à imigração, assumindo os custos do transporte e de manutenção do imigrante e sua família até a sua fixação.

Essa medida, num primeiro momento, não chegou a resolver completamente o problema da mão de obra, pois os imigrantes eram enviados a núcleos coloniais de pequenas propriedades. Com essa iniciativa, imaginava-se ser possível atacar o problema do desabastecimento dos centros urbanos, provocado pela introdução da cafeicultura na região de Bragança Paulista, tradicional produtor de gêneros alimentícios para a cidade de São Paulo[12] e, simultaneamente, constituir um reservatório de mão de obra para as fazendas de café.

Contudo, tal iniciativa demonstrou-se ainda limitada, devido à distância desses núcleos da região dinâmica do café. Após grande queixa e mobilização dos cafeicultores, o governo passou a partir de 1885, a encaminhar os imigrantes diretamente às fazendas de café: "ao invés de encaminhar os imigrantes, recrutados por agenciadores a serviço do governo, para as colônias oficiais, eles passaram a ser encaminhados às próprias fazendas de café" (MARTINS, 1981, p. 66).

10. Segundo SZMRECSANYI, Tamás. *Pequena História da agricultura no Brasil*. São Paulo: Contexto, 2000, p. 44.

11. Maiores detalhes em MARTINS, José de Souza. Op. cit. 1981. p. 64.

12. Em relação ao desabastecimento em São Paulo, assim se refere José de Souza Martins (1973, p. 56): "Com efeito, o deslocamento da preeminência do café da zona Norte para a Zona Central da Província de São Paulo, entre 1854 e 1886, significou o declínio da cultura de alimentos na área de Atibaia e Bragança. Era daí que tradicionalmente provinha o abastecimento alimentar da cidade de São Paulo".

Essa situação foi grandemente favorecida pela construção de uma nova Hospedaria de Imigrantes no bairro do Braz. Nessa nova hospedaria, localizada naquele momento em uma parte afastada da capital, os imigrantes desembarcavam e ficavam praticamente isolados. A única porta que se abria diretamente à rua era a da seção de colocação, que recebia das fazendas a requisição de famílias para o trabalho na lavoura. Após a triagem e assinatura do contrato, as famílias imigrantes embarcavam, na própria estação da hospedaria, rumo às fazendas de café.

Essa "solução" acabou por resolver o problema da oferta de força de trabalho às fazendas de café do Oeste paulista:

> Recebemos, entre 1885 e 1888, perto de 260.000 imigrantes, italianos em sua esmagadora maioria, que demandavam recursos públicos da ordem de 1.600.000 libras. Os salários puderam, então, cair substancialmente e a expansão cafeeira tomou grande ímpeto. (MELLO, 1981, p. 87).

A fixação das relações sociais baseadas no trabalho livre, com a criação de um mercado de trabalho superabundante, se deu primeiramente em São Paulo, como desdobramento da crise do escravismo que se tornou aguda a partir de 1850.

A consolidação das relações livres de trabalho, juntamente com o desenvolvimento de uma burguesia cafeeira que ampliou as possibilidades de investimentos e a grande expansão das ferrovias no sentido do interior, fez de São Paulo, um núcleo capitalista, favorável ao ulterior desenvolvimento industrial.

Para melhor esclarecimento desse assunto será necessário aprofundar a discussão de por que São Paulo se tornou esse centro articulador de uma atividade capitalista exportadora e beneficiou-se da mesma, a tal ponto de concentrar o desenvolvimento industrial, após a crise da economia exportadora cafeeira, economia dinâmica do Brasil no pré 1930.

## Por que São Paulo?

Como vimos, a penetração do café para o Oeste paulista, simultânea à crise das relações escravistas de trabalho, que se acelerou com a extinção do tráfico em 1850, provocou transformações no sistema produtivo da economia exportadora cafeeira que favoreceram uma maior possibilidade de desenvolvimento industrial em São Paulo, se comparadas a outras atividades exportadoras praticadas em outras regiões brasileiras anteriormente, ou até mesmo coetâneas, à cafeicultura paulista. Essas transformações foram, entre outras: a introdução do trabalho livre; o desenvolvimento da ferrovia; a mecanização de parte do trabalho produtivo e o surgimento de uma burguesia cafeeira com fortes tendências à diversificação dos investimentos de capital.

Fixemo-nos inicialmente numa dessas transformações: a introdução do trabalho livre, com a imigração maciça a partir de 1870, mas principalmente após 1885.

A introdução da utilização em larga escala do trabalhador livre permitiu a ampliação do mercado interno. Mesmo que, em princípio, essa ampliação fosse, ainda, bastante limitada, ela significou o ponto de partida fundamental da futura industrialização, visto que sem a emergência de um mercado interno de maiores proporções, do que o existente até então, qualquer tentativa de crescimento industrial seria obstada.

A imigração, associada à Lei de Terras de 1850, permitiu, também, a paulatina criação de um abundante mercado de trabalho livre. Isso, além de assegurar oferta de mão de obra necessária à expansão da economia cafeeira para o Oeste paulista – e, posteriormente, para o crescimento industrial em São Paulo –, permitiu um rebaixamento na remuneração da força de trabalho na cafeicultura e, dessa forma, a ampliação do excedente econômico apropriado pela burguesia cafeeira. A ampliação do excedente econômico apropriado foi fator decisivo para maior acumulação de capital e diversificação das inversões no complexo cafeeiro que estava se formando.

Por outro lado, é bastante relevante, embora menos aparente, o fato de a imigração, pela forma como se deu – a partir da constituição de um mercado mundial de trabalho –, permitir o acesso a trabalhadores europeus que já possuíam técnicas manufatureiras e conhecimentos em atividades comerciais e, até mesmo, algum capital. Tal aspecto se revestiu de grande importância, uma vez que era interesse de países europeus – no nosso caso principalmente a Itália – se aproveitarem das colônias que se formavam, em países receptores de imigrantes, como reserva de mercado para produtos de sua indústria nacional[13].

Alguns desses imigrantes, geralmente aqueles que já dispunham de capital inicial, foram recrutados como representantes locais de empresas comerciais ou indústrias de seus países de origem e passaram a desenvolver a atividades ligadas à importação. A dificuldade em importar produtos totalmente acabados, leva esses imigrantes-importadores a estabelecerem algumas pequenas indústrias de acabamento de produtos importados ou até mesmo de produção de similares e sucedâneos para produtos brasileiros que não se identificavam com os tradicionais gostos de suas colônias:

13. Uma boa demonstração desses objetivos pode ser observada em IANNI, Constantino. *Homens sem paz*. São Paulo: Companhia Editora Nacional, 1974. cap. 1.

> Nem a elite rural, nem o grupo de negociantes nascidos no país conheciam muita coisa das preferências dietéticas, indumentárias ou arquitetônicas dos europeus. Alguns fazendeiros construíram moinhos de para fabricar a farinha de mandioca e de milho que eles e suas classes inferiores estavam acostumados a comer, mas não apareciam no negócio de moagem da farinha de trigo. Comerciantes italianos, portugueses e sírios importavam o bacalhau salgado, os chapéus de feltro, a pasta, o azeite de oliva, a cerveja, as especiarias e o vinho de que os europeus gostavam, e logo principiaram a manufaturá-los, ao lado de outros produtos, cuja importação da Europa, teria sido excessivamente dispendiosa, como trabalhos ornamentais de mármore, móveis de madeira. (DEAN, 1991, p. 60).

Alguns dos imigrantes que se iniciaram nessas atividades, tornar-se-ão grandes industriais paulistas no início do século XX[14].

Os grupos dirigentes paulistas, por seu turno, não permaneceram inertes na nova situação. Após terem conseguido que o Estado bancasse, com fundos públicos, uma política de interesse particular, como a subvenção da imigração – fato, que por si só já demonstra um aumento da influência desses grupos sobre a direção do próprio Estado –, passaram a diversificar seus investimentos em terras, atividades urbanas, comércio de exportação, ferrovias, bancos e indústrias. O capital cafeeiro, portanto, vai se desdobrar e cumprir funções de outras frações do capital, que ainda não haviam alcançado condições de se tornarem autônomos[15]. Nesse processo, por-

14. Exemplos que podem ser apontados são os de Matarazzo, Jafet, Crespi, etc. Maiores detalhes e uma interessante polêmica a respeito da participação dos imigrantes na industrialização paulista, podem ser obtidos em PEREIRA, Luiz Carlos Bresser.

15. Maiores de talhes em SILVA, Sérgio. op. cit. cap. 3.

tanto, emerge uma burguesia cafeeira, com razoável capacidade empreendedora.

Para a cidade de São Paulo, tal situação é significativa. O espaço, por excelência dessa nova burguesia passou a ser o meio urbano:

> A classe social em plena ascensão tinha necessidades novas. Para os fazendeiros, o mais urgente foi deixar a residência rural e fazer na cidade longas estadias. A instalação temporária urbana, tornou-se permanente. Isto era necessário, sobretudo para poder tratar dos novos negócios comerciais e financeiros. O antigo plantador de cana podia viver em suas terras e contentar-se com as relações de vizinhança com seus pares. O grande plantador está na obrigação de vigiar muito de perto o comércio de seu produto, mantendo contatos frequentes com os intermediários e os exportadores. Por vezes, ele mesmo funda uma casa de comércio ou então participa dela como associado. Ele une o negócio à cultura. [...] A formação de empresas capitalistas e as necessidades de sua gestão não eram compatíveis com o modo de vida tradicional, ela exigiam uma convivência urbana. (MONBEIG, 200(?), p. 42-43).

Tal deslocamento dos grupos dominantes, para o centro urbano somente tornou-se possível com o aumento na velocidade dos transportes e das comunicações, com o advento das ferrovias.

A expansão da malha ferroviária para o Oeste paulista acompanhou, ao mesmo tempo em que também favoreceu, a expansão da cafeicultura. Essa extensão ferroviária, rumo ao interior, integrando-se à primeira ferrovia paulista, a Santos-Jundiaí (São Paulo Railway), inaugurada em 1867, permitiu que o porto de Santos, após processo de ampliação e reforma, assumisse a primazia como principal ponto de escoamento das exportações brasileiras[16].

Assim, a expansão cafeeira rumo ao Oeste, ao incentivar a abertura de ferrovias, não apenas induziu a um processo de urbanização, como dotou São Paulo - província e depois Estado - de uma significativa infraestrutura portuária e de transporte.

O efeito de tal situação para a cidade de São Paulo é bastante evidente: "o deslocamento do café para a zona central, deslocou igualmente o seu comércio para o porto de Santos". "A capital transformou-se, pois em eixo comercial da economia paulista". (MARTINS, 1973. p, 57).

Mais ainda, as ferrovias também vão favorecer o desenvolvimento industrial de São Paulo ao desenvolver elementos industriais pioneiros e ao possibilitar a integração econômica entre regiões anteriormente desconectadas:

> [...] a natureza do serviço prestado pelas ferrovias é fundamentalmente industrial. A própria instalação e existência das estradas de ferro só é possível com importantes oficinas de manutenção e de reparo das máquinas e do material ferroviário, o que exige técnicos e operários especializados nessa forma de atividade industrial. Na economia paulista a estrada de ferro representou [...] uma forma de atividade industrial importante e pioneira. [...] no setor industrial paulista, as estradas de ferro, fator importante na circulação de homens e de mercadorias, elo de ligação entre importantes núcleos de povoação e, conseqüentemente,

16. Essa primazia do porto de Santos não foi imediata. Até o final do século XIX, o porto do Rio de Janeiro era o mais importante em volume de exportações. Entretanto, foi ultrapassado, posteriormente, pelo porto de Santos. SILVA, Sérgio. op. cit. p. 44.

> de importantes mercados de produção e de consumo, teriam papel primordial quer como forma de atividade industrial importante e pioneira, quer como meio de transporte carreando para as fontes de produção as matérias indispensáveis a outras indústrias, quer distribuindo aos mercados consumidores os produtos acabados.(PEREIRA, 1969, p. 22-24).

Os aspectos aqui detalhados, imigração e introdução do trabalho livre, formação de uma burguesia cafeeira, desenvolvimento das ferrovias, explicam porque a cidade de São Paulo passou a ser importante centro articulador de um núcleo capitalista, apto a induzir um crescimento industrial, a partir de uma base econômica primário-exportadora, superando o Rio de Janeiro.

O que foi afirmado acima, não significa dizer que o Rio de Janeiro não conheceu um processo de crescimento industrial. Durante muito tempo, a cidade do Rio de Janeiro permaneceu mais industrializada do que São Paulo[17]. Entretanto, essa industrialização era muito mais fruto do peso do seu mercado consumidor inicialmente mais complexo, por se tratar da capital do país. Por permanecer como ponto de articulação de uma agricultura exportadora em crise – a cafeicultura escravista do interior fluminense e do Vale do Paraíba, que entrou em forte involução econômica, a partir da extinção do tráfico de escravos –, viu também sua capacidade de indução à industrialização perder dinamismo.

São Paulo, ao contrário, passou na segunda metade do século XIX, a partir de 1870 e, principalmente, a partir de 1885, a receber os influxos de uma nova organização da economia exportadora. De cidade colonial, transforma-se, paulatinamente, numa metrópole do café e, posteriormente, numa metrópole

17. Censo de 1907. Informação extraída de SILVA, Sérgio. op. cit. p, 73.

industrial. Seu crescimento populacional é testemunha dessa metamorfose. De tal sorte que Monbeig (200(?), p. 7-8) afirma:

> Esta "grande" São Paulo rivaliza-se com o Distrito Federal, mesmo acrescido de Niterói. E, todavia, o Rio de Janeiro já havia adquirido os seus títulos de nobreza enquanto São Paulo apenas começava sua revolução econômica e demográfica. Ela foi vertiginosa. Foi em um ritmo acelerado que os arranha-céus substituíram as velhas casa térreas dos portugueses, que os loteamentos dos bairros operários ou burgueses, as fábricas e os entrepostos ocuparam o lugar dos matagais e dos brejos. Uma metrópole, praça comercial e mesmo bancária, o maior centro industrial da América do Sul, foco intelectual que é também um dos pólos políticos do Brasil [...].

Essa condição de São Paulo, como centro articulador de um capitalismo primário-exportador, é que vai permitir que nela se desenvolva um setor industrial que ganhará dinamismo próprio, após a crise da economia exportadora cafeeira.

Para ver como isso ocorreu, precisaremos nos deter um pouco na relação entre economia exportadora do café e industrialização. Em relação a esse ponto as visões não são mais consensuais.

## A Economia cafeeira e a Industrialização

Para entendermos como a industrialização vai ganhar autonomia frente à economia exportadora cafeeira e conhecer uma dinâmica própria a partir da década de 1930, é necessário compreendermos como se deu a relação entre indústria e economia cafeeira. Este, entretanto é um tema que comporta diferentes interpretações. Em seu estudo sobre a Indústria Brasileira, Wilson Suzigan (1986, p. 21) apresenta quatro grandes correntes de interpretação a respeito do assunto:

> Podem-se identificar quatro interpretações principais a respeito do desenvolvimento industrial brasileiro a partir de uma base agrícola exportadora: 1) a "teoria dos choques adversos"; 2) a ótica da industrialização liderada pela expansão das exportações; 3) a interpretação baseada no desenvolvimento do capitalismo no Brasil (ou o "capitalismo tardio"); 4) a ótica da industrialização intencionalmente provocada por políticas de governo.

Para efeito deste trabalho, duas interpretações são fundamentais e merecem maior detalhamento: a "Teoria dos Choques Adversos" e a do "Capitalismo Tardio". Essas são mais significativas, para os nossos objetivos, pois nelas, a crise da economia cafeeira é enfatizada como fator explicativo do deslanche industrial brasileiro, a partir do início da década 1930.

A primeira interpretação, a "Teoria dos Choques Adversos", como o seu próprio nome indica, defende a tese de que a industrialização desenvolveu-se a partir de crises, verificadas na economia exportadora, que impunham dificuldades de importação e abriam, por isso, possibilidades para a produção interna substituir produtos industrializados anteriormente importados. É resultado de trabalhos que se originam na tradição cepalina e apresenta, em seu interior, uma subdivisão entre uma "versão extrema" e uma "versão restrita":

> Duas versões desse argumento podem ser identificadas: a primeira pode ser chamada de "versão extrema" do argumento dos choques adversos, enquanto que a outra se refere especificamente à interpretação

> do desenvolvimento industrial brasileiro por Furtado (1963) e Tavares (1972). (SUZIGAN, 1986, p. 23).[18]

Como, também, segundo Suzigan (1986, p. 27), a crise do setor externo da economia brasileira em 1929-32, causada pela crise do café da Grande Depressão,"é enfatizada por Furtado e Tavares como um ponto de inflexão no desenvolvimento industrial brasileiro", nos limitaremos, no desenvolvimento do trabalho, a abordar a "visão restrita" da "teoria dos choques adversos".

A outra linha de interpretação, a do "Capitalismo Tardio", procura compreender a industrialização no interior do processo de constituição do capitalismo brasileiro. Enfatizando a problemática da acumulação de capital, entende que a acumulação industrial desenvolveu-se de maneira subordinada à acumulação no setor exportador cafeeiro, que por sua vez subordinava-se aos processos de acumulação capitalista, em nível mundial. Entende, portanto, que a economia exportadora cafeeira, ao mesmo tempo em que favorecia o desenvolvimento industrial, impunha fortes limites ao mesmo.

> A análise baseia-se na expansão da economia exportadora de café do Estado de São Paulo. As principais contribuições são de Silva (1976), Mello (1975), Tavares (1974), Cano (1977) e Aureliano (1981). (SUZIGAN, 1986, p. 32)[19].

18. As datas indicadas entre parênteses após os autores apontados por Suzigan referem-se ao ano da publicação dos livros utilizados pelo mesmo e que aparecem na bibliografia de seu livro. São eles: FURTADO. Celso. *Formação econômica do Brasil*. 5. ed. Rio de Janeiro: Fundo de Cultura, 1963 e TAVARES, Maria da Conceição. O processo de substituição de importações como modelo de desenvolvimento na América Latina. In TAVARES, Maria da Conceição. *Da substituição de importações ao capitalismo financeiro*. Rio de Janeiro: Zahar, 1972.
19. Os autores e livros indicados por Suzigan são: SILVA, Sérgio. *A expansão cafeeira e as origens da indústria no Brasil*. São Paulo: Alfa-Ômega, 1976; MELLO,

## Economia cafeeira e indústria na "Teoria dos Choques Adversos"

Por se inscrever na tradição de pensamento cepalina, a teoria dos choques adversos procura analisar a economia latino-americana, e a brasileira em particular, fundamentalmente a partir de sua inserção na divisão internacional do trabalho. Divisão essa, gerada, primeiramente, pelo desenvolvimento do capitalismo nos países centrais a partir do processo de colonização da América e, posteriormente, aprofundada pelas transformações provocadas no mercado internacional com a difusão dos efeitos da Revolução Industrial.

A economia brasileira apresentava-se, assim, como uma economia subdesenvolvida, pois se inseria, na divisão internacional do trabalho, como exportadora de produtos primários e importadora de produtos industrializados.

Isso porque, tal inserção convertia-se em "desvantagens reiterativas" (OLIVEIRA, 1988, p. 8), pois levava a economia brasileira a sofrer com a constante deterioração dos termos de intercâmbio, fator explicativo da "sucção" do seu excedente econômico pelas economias líderes. Ao mesmo tempo, a transformava em uma economia reflexa, que sofria as consequências das crises ocorridas nos países centrais e – por extensão, no mercado mundial – , mesmo que não tivesse participado na ocorrência das mesmas. Situação evidentemente decorrente do caráter exportador de seu setor economicamente dinâmico.

João Manuel Cardoso de. *O capitalismo tardio*. São Paulo: Brasiliense, 1982 (a data de 1975 é a da Tese de Doutoramento, defendida na UNICAMP); TAVARES, Maria da Conceição. *Acumulação de capital e industrialização no Brasil*. Tese de Livre-Docência. Rio de Janeiro. Faculdade de Economia e Administração – UFRJ, 1974; CANO, WILSON. *Raízes da concentração industrial em São Paulo*. São Paulo: Difel, 1977 e AURELIANO, Liana Maria. *No limiar da industrialização*. São Paulo: Brasiliense, 1981.

Devido à sua característica, a economia brasileira, como expressão concreta das economias latino-americanas, apresentava dois setores claramente definidos: o setor moderno, voltado à exportação e o setor tradicional ou arcaico, organizado para subsidiar o primeiro e, dessa forma, dirigido ao abastecimento interno. O setor moderno da economia, por ter a sua dinâmica determinada pela demanda externa, tinha pouca condição de provocar a modernização e o desenvolvimento do setor tradicional.

> [...] na América latina, não só as exportações eram praticamente a única componente autônoma do crescimento da renda como o setor exportador representava o centro dinâmico de toda a economia. É certo que a sua ação direta sobre o sistema, do ponto de vista da diversificação da capacidade produtiva, era forçosamente limitado, dada a base estreita em que assentava: apenas um ou dois produtos primários. [...] o grau de difusão da atividade exportadora sobre o espaço econômico de cada país dependia da natureza do processo produtivo desses bens primários e do seu maior ou menor efeito multiplicador e distribuidor de renda. (TAVARES, 1979, p. 30).

Tais características estiveram presentes na economia brasileira, em todos os "ciclos" exportadores. Entretanto, a diferença da economia cafeeira decorria fundamentalmente do fato de que ela se desenvolveu após a independência do Brasil e no século XIX, quando a nova divisão do trabalho, originada da difusão dos efeitos da Revolução Industrial, já se encontrava consolidada. Daí, a periodização histórica da economia latino-americana e brasileira basear-se primeiramente no binômio: economia colonial/economia nacional. O período da economia nacional, por sua vez, divide-se em crescimento para fora/Industrialização por substituição de importações. E este último período se subdivide em duas etapas: a da industrialização extensiva e a da industrialização intensiva.

O período que nos ocupa se circunscreve, portanto, naquilo que ficou conhecido como período de crescimento para fora, dentro, já, dos quadros de uma economia nacional que permaneceu exportadora e, portanto, periférica. Contudo:

> O fato de maior relevância na economia brasileira no último quartel do séc. XIX foi, sem lugar à dúvida, o aumento da importância relativa do setor assalariado. [...] observada em conjunto, a nova economia cafeeira baseada no trabalho assalariado apresenta certas similitudes com a antiga economia escravista: está constituída por uma multiplicidade de unidades produtoras que se ligam intimamente às correntes do comércio exterior. Todavia, se nos fixamos mais de perto no mecanismo dessas unidades, vemos que são profundas as diferenças. [...] os assalariados transformam a totalidade, ou a quase totalidade, de sua renda em gastos de consumo. (FURTADO, 2000, p. 155-156).

Assim, o Brasil, ao superar a base escravista de sua produção destinada à exportação, passou a se assemelhar diretamente às demais economias latino-americanas e:

> O desenvolvimento do setor exportador deu lugar a um processo de urbanização mais ou menos intenso ao longo do qual se iam estabelecendo as chamadas indústrias de bens de consumo interno tais como as de tecido, calçado, vestuário, móveis etc. Estas como se sabe são indústrias tradicionais de baixo nível de produtividade, presentes em quase toda a América Latina, que surgiram no bojo do próprio modelo expor-

tador. (TAVARES, 1979, p. 30).

Desta forma, a indústria no Brasil passou a ser induzida pelo setor exportador, fazendo, todavia, parte do setor interno, auxiliar e dependente da economia exportadora cafeeira, por isso:

> Essa reduzida atividade industrial, juntamente com o setor de subsistência, eram insuficientes para dar à atividade interna um dinamismo próprio. Assim, o crescimento econômico ficava basicamente atrelado ao comportamento da demanda externa por produtos primários, dado o caráter eminentemente dependente e reflexo de nossas economias. [...] O cerne da problemática do crescimento "para fora" típico de nossas economias está evidentemente vinculado ao quadro da divisão internacional do trabalho que foi imposto pelo próprio processo de desenvolvimento das economias líderes [...]. (TAVARES, 1979, p. 31).

Devido, portanto, ao caráter dependente da indústria na economia cafeeira exportadora, a sua possibilidade de crescimento era bastante estreita, pois se atrelava ao crescimento do mercado interno, que, por sua vez, subordinava-se ao desempenho do setor exportador e, também, à capacidade do mesmo em diversificar a atividade interna[20]. Assim, a o crescimento autônomo da indústria só seria possível, quando a dinâmica da economia deixasse de estar associada à demanda externa e fosse deslocada para o interior do país. Isso ocorreu quando a produção industrial interna pôde concorrer satisfa-

20. Neste caso, a situação brasileira era razoavelmente melhor do que a de outros países latino-americanos, pois as características da cafeicultura, como cultura perene e de propriedade de nacionais, eram mais favoráveis à diversificação e à industrialização do que outras atividades primárias como a mineração, a pecuária e agricultura anual. Ver CASTRO, Antônio Barros de. O modelo Histórico Latino-Americano. In: 7 *Ensaios sobre a economia brasileira*. Rio de Janeiro: Forense Universitária, 1971, vol. 1.

toriamente com a produção externa, a partir da crise da economia exportadora.

A crise da economia exportadora, principalmente nos anos de 1930, sob o impacto da grande depressão que se abateu na economia mundial a partir de 1929, e se prolongou pelos anos de 1930, impediu que a economia brasileira tivesse condições de manter a capacidade de importação de produtos industrializados, pelo que significou em ausência de divisas e em depreciação da moeda nacional.

Ao provocar, portanto uma barreira protetora à produção interna, abriu a possibilidade de se superar a desvantagem de se produzir internamente o que anteriormente era importado. Daí, que o desenvolvimento industrial autônomo só se tornou possível, pelo impacto da crise externa sobre a economia exportadora, provocando a sua perda de dinamismo e deslocando "o centro dinâmico" para dentro da nação, por meio de atividades, nas quais se incluíram as industriais, destinadas ao abastecimento interno. Ou seja, a indústria brasileira, teve condições de responder satisfatoriamente a uma crise externa que impactou a economia exportadora. O seu desenvolvimento autossustentado, via modelo substitutivo de importações foi fruto de um "choque adverso".

> A economia brasileira foi no século passado [21] uma economia primário-exportadora tradicional. [...] o seu processo de desenvolvimento, voltado para fora, tinha o seu dinamismo atrelado ao crescimento da demanda pelos seus produtos de exportação, por parte das economias líderes. Além disso, uma vez que a sua atividade de exportação se concentrava em um ou

21. O termo século passado refere-se ao séc. XIX, uma vez que o texto citado foi escrito na década de 1960.

> dois produtos, era uma economia reflexa em toda a extensão do termo. [...] é por demais sabido que, face a essas características, o modelo tradicional exportador entrou em crise definitiva depois da grande depressão da década dos trinta.
>
> O largo período que transcorreu até a recuperação mundial logo seguido da Segunda Guerra Mundial obrigou a economia do país a voltar-se sobre si mesma desenvolvendo novas atividades produtivas, com apoio em faixas de demanda interna até então atendidas pelas importações. Sob a pressão de uma redução drástica na capacidade para importar iniciou-se, assim, um processo de substituição de importações que se manteve até a época atual levando a um grau de diversificação industrial e a taxas de crescimento bastante mais acentuadas do que as de quase todas as nações latino-americanas. (TAVARES, 1979, p. 59).

A viragem do centro dinâmico da economia para o setor interno, com a industrialização substitutiva de importações, que permitiu altas taxas de crescimento industrial, foi uma resposta ao estrangulamento externo provocada pela depressão da década de 1930. Tal encaminhamento, entretanto, não teria sido possível se não tivesse sido completado por uma política que visava manter a renda interna, a partir da defesa do setor cafeeiro, e que foi encampada pelo Governo Vargas em 1933.

Tal política vinculou-se a uma significativa redução dos preços do café, no mercado internacional. Essa queda brutal dos preços internacionais do café[22] foi fruto da impossibilidade de manutenção da política de retenção dos

22. Segundo Celso Furtado (2000, p. 200), a queda do preço do café foi da ordem de 22,5 centavos de dólar por libra/peso em setembro de 1929 para 8 centavos de dólar por libra/peso em setembro de 1931.

excedentes de produção, por meio de financiamento externo. O crédito internacional brasileiro desapareceu juntamente com as reservas do governo, logo após a eclosão da crise. Assim, o que determinou a baixa dos preços do café nos mercados internacionais foi a grande e repentina expansão de sua oferta. Tal fato foi agravado devido à existência de safra recorde em 1932-33, período mais baixo da atividade econômica.

A solução adotada pelo governo foi a de adquirir o excedente de produção por meio de criação de crédito interno e destruí-lo. Esse encaminhamento evitou que o equilíbrio entre oferta e procura fosse alcançado por meio dos mecanismos de mercado, que teriam provocado o abandono, puro e simples, das plantações e conduziriam a um enorme desemprego. Ao impedir um maior declínio da renda no setor cafeeiro, a política de defesa evitou que os seus efeitos se multiplicassem pelos setores por ele influenciados. Tais medidas mantiveram, ou pelo menos não reduziram drasticamente, a procura interna:

> Ao garantir preços mínimos de compra, remuneradores para a grande maioria dos produtores, estava-se na realidade mantendo o nível de emprego na economia exportadora e, indiretamente, nos setores produtores ligados ao mercado interno. Ao evitar-se uma contração de grandes proporções na renda monetária do setor exportador, reduziam proporcionalmente os efeitos do multiplicador de desemprego sobre os demais setores da economia. [...] Dessa forma, a política de defesa do setor cafeeiro nos anos da grande depressão concretiza-se num verdadeiro programa de fomento da renda nacional. Praticou-se no Brasil, inconscientemente, uma política anticíclica de maior amplitude que a que se tenha sequer preconizado em qualquer dos países

> industrializados. [...] Explica-se, assim, que já em 1933 tenha recomeçado a crescer a renda nacional no Brasil. (FURTADO, 2000, p. 203 e 205).

A reserva do mercado interno, fruto da diminuição da capacidade de importação e da depreciação cambial, e a política de manutenção da renda interna foram os fatores explicativos para o deslanche, a partir de 1933, da industrialização substitutiva de importações.

Tal industrialização permaneceu com caráter extensivo, até meados da década de 1950. Isso é explicado pelo fato de o setor de bens de consumo poder se beneficiar da existência de uma capacidade industrial previamente instalada e que se encontrava ociosa. Somente após a consolidação desse setor é que se criariam as condições para a produção interna de bens de capital e de bens intermediários.

## Economia cafeeira e indústria na "Teoria do Capitalismo Tardio"

A teoria do capitalismo tardio consolidou-se na década de 1970, a partir da publicação dos importantes trabalhos, entre outros, de Mello, Silva e Cano, já indicados anteriormente. Como expressão de seu contexto (década de 1970), quando a industrialização brasileira se "completava", por meio de pesados investimentos multinacionais, tal teoria procura interpretar a problemática da industrialização brasileira a partir da dificuldade de acumulação do capital industrial no capitalismo brasileiro. Assim, sugere que a industrialização brasileira só pode ser compreendida em sua plenitude, se inserida numa análise do próprio desenvolvimento capitalista no Brasil.

Por se forjar numa análise crítica do paradigma cepalino, procurando demonstrar o seu caráter parcial e limitado, entendendo que o mesmo, ao enfatizar os condicionantes externos da industrialização brasileira, peca por um excesso de formalismo, tal teoria objetiva privilegiar o processo endógeno de acumulação de capital, a partir da economia exportadora cafeeira. Economia essa, que, após um longo e descontínuo processo de transição, deixou de ser colonial e passou a ser capitalista, com a emergência do trabalho assalariado. Esse processo, ao se findar, apenas, em finais do século XIX, caracterizou a constituição de um capitalismo retardatário no Brasil:

> Tudo isto revela, claramente, em suas linhas basilares a problemática em que se move o paradigma cepalino: a problemática da industrialização nacional a partir de uma situação periférica. Daí que o núcleo da questão da industrialização esteja centrado na oposição entre o desenvolvimento econômico da Nação, ou melhor, entre a plena constituição da Nação e uma determinada divisão internacional do trabalho que a havia transformado numa economia reflexa e dependente. [...] *Daí não haver nem sombra de um esquema endógeno de acumulação de capital.* (grifo do autor). Nós, ao contrário, partiremos do silêncio do paradigma cepalino: pensaremos a industrialização latino-americana como uma industrialização capitalista; mais ainda como uma determinada industrialização capitalista: *uma industrialização capitalista* retardatária. (grifo do autor). (MELLO, 1994, p. 95).

Neste sentido, ao relacionar a industrialização brasileira ao processo de constituição do capitalismo retardatário, ou tardio, no Brasil e ao fato de que esse capitalismo se constituiu, primeiramente, no setor exportador, essa teoria afasta-se da teoria dos choques adversos, ao ressaltar o caráter complementar entre a acumulação do capital cafeeiro e a acumulação do capital industrial.

A industrialização foi possível devido à acumulação de capitais no complexo exportador cafeeiro, mas as relações entre o capital cafeeiro e o capital industrial não foram lineares e harmônicas. Houve um modo de articulação contraditório entre as duas formas de capital, na qual o capital cafeeiro gerou a possibilidade de nascimento e estimulou o capital industrial, ao mesmo tempo em que impôs estreitos limites para a sua acumulação. Estes limites, por sua vez, foram dados pelo capital cafeeiro que, de sua parte, também se articulou de maneira subordinada aos processos de acumulação global, que eram, naquele momento, hegemonizados pelo capitalismo monopolista, já que o nascimento da economia capitalista exportadora no Brasil (final do século XIX) ocorre quando, nos países centrais, se processava a segunda Revolução Industrial.

A industrialização brasileira, portanto, é retardatária do ponto de vista capitalista, pois está duplamente determinada: pela sua origem (a partir de uma economia capitalista exportadora) e pelo seu momento (quando o capitalismo monopolista se torna dominante em nível mundial, na Segunda Revolução Industrial).

Desta maneira, a periodização do processo de industrialização também vai se diferenciar da proposta da teoria dos choques adversos. Ao contrário de enfatizar os momentos de crescimento para fora e de industrialização substitutiva de importações (extensiva/intensiva), a teoria em questão propõe, por meio das contribuições de MELLO (1994, p. 109-110) a seguinte periodização, enfatizando, a industrialização como parte do processo de transição para o capitalismo no Brasil[23], a partir de três grandes momentos:

- 1888 a 1933 – Nascimento e consolidação do capital industrial;
- 1933 a 1956 – Industrialização Restringida;
- 1956 a 1961 – Industrialização Pesada.

Interessam-nos aqui, sobretudo, os dois primeiros momentos. Vejamos, como no primeiro momento, o de nascimento e consolidação do capital industrial, o capital cafeeiro estimulou, mas ao mesmo tempo, contraditoriamente, impôs limites ao desenvolvimento do capital industrial:

> [...] O complexo exportador cafeeiro, ao acumular, gerou o capital-dinheiro que se transformou em capital industrial e criou as condições necessárias a essa transformação: uma oferta abundante no mercado de trabalho e uma capacidade para importar alimentos, meios de produção e bens de consumo e capitais, o que só foi possível porque se estava atravessando um auge exportador. (MELLO, 1994, p. 101).

O capital industrial, bem como as condições para o desenvolvimento da indústria – mercado de trabalho, acumulação de capitais e capacidade de importação, principalmente de bens de capital – nasceram juntamente com a consolidação de um complexo exportador capitalista cafeeiro. Ou seja, o capital industrial nasce da própria lógica de constituição

23. Deve-se ressaltar que na visão deste autor, o capitalismo somente se "completa" quando a sua reprodução ampliada se assegura endogenamente, a partir da constituição de forças produtivas capitalistas, ou seja, com a constituição de um setor produtivo de bens de capital (ver MELLO, 1994, p. 96).

do capital cafeeiro. No complexo capitalista exportador cafeeiro, houve uma possibilidade maior de diversificação dos investimentos do que ocorria anteriormente, quando a economia brasileira permanecia colonial, com a predominância das relações de produção escravistas.

Essa diversificação econômica foi nucleada pelo capital cafeeiro. De tal sorte, que o capital cafeeiro não se limitava somente à inversão em plantações de café e se desdobrava em outras "formas" de capital. Além do capital agrário, propriamente dito, desdobrava-se, também, como capital mercantil, industrial e bancário. Isso se deve ao fato de que, naquele momento inicial do capitalismo brasileiro, as diferentes frações do capital não apresentavam condições para cumprirem autonomamente as suas funções.

Entretanto, pelo fato de o capitalismo brasileiro ser um capitalismo primário-exportador, "dentro" do capital cafeeiro, era a função mercantil que encontrava maior destaque. Neste sentido, pode-se afirmar que o capital cafeeiro era majoritariamente mercantil.

> O capital cafeeiro tinha portanto diversos aspectos; ele apresenta ao mesmo tempo as características do capital agrário, do capital industrial, do capital bancário e do capital comercial.[...] Na economia cafeeira, caracterizada por um grau ainda fraco de desenvolvimento capitalista, essas diferentes funções são reunidas pelo capital cafeeiro e não definem (pelo menos diretamente) frações de classe relativamente autônomas: não havia uma burguesia agrária cafeeira, uma burguesia comercial, etc., mas uma burguesia cafeeira exercendo múltiplas funções.
>
> [...] A análise dessas relações faz ressaltar a dominação das funções comerciais. Em outros termos, a caracte-

rizar o capital cafeeiro como um capital dominantemente comercial. (SILVA, 1986, p. 54).

Tal situação impunha limites para o desenvolvimento industrial, pois, a dominância do capital mercantil implicava em interesses na manutenção da posição do Brasil frente à divisão internacional do trabalho; em um ritmo mais lento no desenvolvimento da forças produtivas; e na defesa de uma política econômica fortemente liberal.

O Capital industrial, ao mesmo tempo em que nasceu como desdobramento do capital cafeeiro, encontrava-se limitado em seu desenvolvimento autônomo pelo próprio "círculo de ferro" do capital cafeeiro-mercantil.

Assim, a indústria que nasce nesse período limita-se ao setor de bens de consumo assalariado: "[...] tão somente uma certa indústria, a grande indústria de bens de consumo assalariado, especialmente a têxtil, foi capaz de se desenvolver" (MELLO. p, 102). A indústria de bens de consumo assalariado, especialmente a têxtil, era a possível de surgir naquele momento, pois:

> [...] tecnologia relativamente simples, mais ou menos estabilizada, de fácil manejo e inteiramente contida nos equipamentos disponíveis no mercado internacional; tamanho da planta mínima e volume de investimento inicial inteiramente acessíveis à economia brasileira de então. Estas são as considerações que explicam, no essencial, a "preferência" pela indústria de bens de consumo assalariado e não problemas de demanda "preexistente" ou preços relativos de "fatores" (MELLO, 1994, p. 103).

A partir, portanto, dessa "forma dialética" de conceber

a relação entre economia cafeeira e indústria, o desenvolvimento industrial autônomo só poderia ocorrer, quando a contradição entre os estímulos e as limitações do desenvolvimento industrial chegasse ao seu limite e, assim, a acumulação industrial pudesse romper o círculo de ferro estabelecido pelo capitalismo exportador cafeeiro.

O limite dessa contradição foi imposto pelos impactos da depressão da década de 1930 e pelas políticas anticíclicas praticadas pelo Governo Vargas, após a Revolução de 1930, que deram impulso à Industrialização:

> O período que se estende de 1888 a 1933 marca, portanto, *o momento de nascimento e consolidação do capital industrial. Mais do que isto, o intenso desenvolvimento do capital cafeeiro gestou as condições de sua negação, ao engendrar os pré-requisitos fundamentais para que a economia brasileira pudesse responder criativamente à "Crise de 29"* (grifo nosso). [...] Desencadeia-se, então, uma expansão econômica fundada em novas bases, que só foi possível, de um lado, porque já dispúnhamos de certa capacidade de acumulação e, de outro, devido a medidas de política econômica que sustentaram relativamente a capacidade para importar [...] e a reservara, até 1937, para a ampliação da industria leve de bens de produção. (MELLO, 1994, p. 109-110).

Entretanto, essa nova dinâmica econômica, na qual a dinâmica da acumulação passou a se basear no desenvolvimento industrial, permaneceu "restringida" pela incapacidade da acumulação industrial chegar ao setor de bens de capital, o que possibilitaria a autodeterminação do próprio desenvolvimento industrial. Como vimos, pela periodização estabelecida por esta teoria, isso vai ocorrer após 1956.

## Possíveis Conclusões acerca da Crise da Economia Exportadora Cafeeira e o Desenvolvimento da Industrialização em São Paulo

Nas duas teorias trabalhadas anteriormente, percebe-se que o desenvolvimento autônomo da indústria no pós 1930 encontra-se vinculado à crise da economia exportadora cafeeira. Uma interpretação, a dos Choques Adversos, enfatiza o caráter externo desse processo, uma vez que entende o deslanche industrial como uma resposta às dificuldades de manutenção da importação de produtos industrializados, a partir da grande depressão iniciada em 1929, e a possibilidade de se substituírem esses produtos industrializados pela produção interna, em virtude da preservação da renda e da procura internas, induzidas por uma política anticíclica implementada pelo governo.

A outra, a do Capitalismo Tardio, prioriza os aspectos internos, a negação do contraditório processo de acumulação industrial no interior do complexo exportador cafeeiro. Os limites para a continuidade desse processo contraditório são colocados pelos impactos da depressão econômica da década de 1930 e pela política de recuperação econômica do pós 1930. A acumulação industrial para continuar se desenvolvendo tinha de romper, como rompeu, com os estreitos espaços impostos pelo "circulo de ferro" da acumulação cafeeira. Trata-se, portanto, de uma análise dialética do processo.

Sem querer negar as divergências teóricas presentes na elaboração dessas duas interpretações – a primeira é fortemente influenciada por uma postura estruturalista-Keynesiana, ao passo que a segunda apega-se a influências marxistas[24] – penso que para os objetivos desse trabalho, as mesmas apresentam características complementares.

Ao afirmarem um novo modelo de desenvolvimento, nucleado pela indústria, como resultado da crise do modelo primário-exportador cafeeiro, afirmam também a importância de São Paulo, como região desencadeadora do processo de industrialização e como centro de articulação da nova estrutura capitalista do país, em detrimento de regiões tradicionais como o Rio de Janeiro e o Nordeste. Ao afirmarem, ainda, as indústrias de bens de consumo como as possíveis de serem induzidas pela economia exportadora cafeeira, Afirmam também a importância, nesse processo, da indústria alimentícia e, principalmente, da indústria têxtil, que serão os setores industriais que comandarão o processo de desenvolvimento autônomo da indústria, no período de industrialização extensiva ou restringida

O núcleo capitalista que se gestou em São Paulo, a partir do início da crise da cafeicultura escravista em 1850, e que se firmou com o paulatino processo de concentração industrial, passará a ditar o ritmo do desenvolvimento e de integração econômica no padrão de desenvolvimento nucleado pela industrialização. Será o ponto nodal de um novo complexo urbano-industrial que se consolidou no pós 1933.

A industrialização que se concentrou em São Paulo, pas-

24. Maiores detalhes desta afirmação podem ser observados em BIELSCHOWSKY, Ricardo. *Pensamento econômico brasileiro:* o ciclo ideológico do desenvolvimentismo. 4. ed. Rio de Janeiro: Contraponto, 2000. p. 174-177; SUZIGAN, Wilson. op. cit. cap. 1 e SILVA, Sérgio. op. cit . introdução.

sou, também a comandar uma serie de modificações que ocorrerão em várias regiões do país e que obviamente, se refletirão na própria região metropolitana da capital paulista e no Estado de São Paulo como um todo. Como exemplo dessas modificações podemos indicar: as mudanças no papel e no caráter da agricultura e nos processos de conquista territorial pelas marchas pioneiras e dos processos de colonização que se terão vez a partir da década de 1930.

## Considerações Finais

Procuramos desenvolver neste trabalho, as razões da concentração industrial em São Paulo, a partir da década de 1930, mais precisamente a partir de 1933, quando essa industrialização ganhou uma dinâmica própria.

Tal situação foi fruto do desenvolvimento pioneiro nessa região de um núcleo capitalista, fomentado pela economia exportadora do café. Esse núcleo capitalista resultou do fato de o café ter se transferido para o interior paulista no período em que ocorria a transição das relações escravistas para relações baseadas no trabalho livre, após a lei de extinção do tráfico de escravos e da lei de terras em 1850.

Assim, tanto a capital quanto a província e depois estado de São Paulo, puderam se beneficiar de vários fatores, como a formação de um mercado de trabalho, de um mercado interno, de uma boa infraestrutura ferroviária e portuária, de um incentivo à diversificação produtiva, além de receber levas de imigrantes, alguns treinados em atividades urbanas e outros com posse de um capital inicial, apto a ser investido em atividades industriais, que criaram as condições para o início de um desenvolvimento industrial.

Num primeiro momento, a indústria manteve-se subordinada à economia exportadora, não tendo, portanto, capacidade de se autopropulsionar. Essa capacidade de autodinamização chegou com a crise da economia exportadora cafeeira. Crise, essa, que foi provocada, na visão da "Teoria dos Choques Adversos", pelo impacto da depressão mundial iniciada em 1929 e pela política de defesa da renda interna implementada pelo governo, pós 1930. Essa situação, permitiu, na visão da "Teoria do Capitalismo Tardio", que a contradição entre os estímulos e os limites dados pelo complexo cafeeiro exportador à acumulação industrial chegasse ao seu máximo, liberando, portanto, a mesma, do caráter subordinado que possuía em relação à acumulação cafeeira mercantil-exportadora.

A partir do momento em que a indústria se consolidou como o setor dinâmico da economia, e sua acumulação pôde ocorrer de maneira autônoma, a mesma passou a comandar diferentes processos de mudanças na economia do país, a partir de sua base em São Paulo.

Como exemplo dessas mudanças comandadas pela indústria paulista pudemos citar as mudanças na agricultura, que deixou de ser a variável fundamental da dinâmica econômica para se transformar numa agricultura voltada ao abastecimento dos centros urbanos, por meio de matérias-primas e alimentos, mantendo o seu caráter exportador como forma de possibilitar a manutenção da capacidade de importação de equipamentos industriais.

Outro exemplo pode ser expresso nas mudanças ocorridas nas preocupações com o avanço da fronteira econômica, que a partir desse momento voltaram-se, fundamentalmente, para a integração do mercado interno.

# Referências

BIELSCHOWSKY, Ricardo. *Pensamento econômico brasileiro*: o ciclo ideológico do desenvolvimentismo. 4. ed. Rio de Janeiro: Contraponto, 2000.

CASTRO, Antonio Barros de. *7 ensaios sobre a economia brasileira*. Rio de Janeiro, Forense Universitária, 1.969

CORSI, Francisco Luiz. Política econômica e nacionalismo no Estado Novo. In: SZMRECSÁNYI, Tamás e SUZIGAN, Wilson. (orgs.). *História Econômica do Brasil contemporâneo*. 2. ed. São Paulo: Edusp/Hucitec, 2002

DEAN, Warren. *A industrialização de São Paulo*. 4 ed. Rio de Janeiro: Bertrand Brasil, 1991

FONSECA, Pedro Cezar Dutra. *Vargas*: O capitalismo em construção. São Paulo, Brasiliense, 1987.

FURTADO, Celso. *Formação econômica do Brasil*. São Paulo: Publifolha, 2000.

IANNI, Constantino. *Homens sem paz*. São Paulo: Companhia Editora Nacional, 1974.

MARTINS, José de Souza. *A imigração e a crise do Brasil agrário*. São Paulo: Pioneira, 1973.

______. *O cativeiro da terra*. 2. ed. São Paulo: Ciências Humanas, 1981.

MELLO, João Manoel Cardoso. *O capitalismo tardio*. 3. ed. São Paulo: Brasiliense, 1994.

MONBEIG, Pierre. *Pioneiros e fazendeiros de São Paulo*. São Paulo: Pólis/Hucitec, 1984.

______. *Crescimento da cidade de São Paulo*. São Paulo: FFLCH/USP/Departamento de Geografia, mimeo, 200(?). (A publicação francesa é de 1953).

NASCIMENTO, Benedicto Heloiz. *A ordem nacionalista brasileira*. São Paulo: Humanitas, 2002.

NEGRI, Barjas. *Concentração e desconcentração industrial em São Paulo* (1880 - 1990). Campinas: Editora da Unicamp, 1996.

OLIVEIRA, Francisco de. *Celso Furtado*. São Paulo: Ática, 1988. (coleção Grandes Cientistas Sociais).

PEREIRA, Wlademir. *Evolução industrial de São Paulo*. Osasco: IPFMCEAO, 1968.

PRADO JR, Caio. *História Econômica do Brasil*. 28. ed. São Paulo: Brasíliense, 1986.

SILVA, Sérgio. *A expansão cafeeira e as origens da indústria no Brasil*. 7. ed. São Paulo: Alfa-Ômega, 1986.

SUZIGAN, Wilson. *Indústria brasileira*: origem e desenvolvimento. São Paulo: Brasiliense, 1986.

SZMRECSÁNYI, Tamás. *Pequena História da agricultura no Brasil*. São Paulo: Contexto, 1998.

TAVARES, Maria da Conceição. *Da substituição de importações ao Capitalismo financeiro*. 4. ed. Rio de Janeiro: Zahar, 1979.

# O ATAQUE DE PIRATAS INGLESES E HOLANDESES ÀS EMBARCAÇÕES DA CARREIRA DA ÍNDIA ENTRE 1497 E 1653: A DESARTICULAÇÃO DO IMPÉRIO PORTUGUÊS NO ORIENTE

FÁBIO PESTANA RAMOS*

* Doutor em Ciências Humanas (História Social) pela FFLCH/USP. Bacharel licenciado em Filosofia pela USP. Professor no Centro Universitário Claretiano.

**Resumo**

O artigo pretende tratar da descrição quantitativa e qualitativa do ataque de piratas e corsários ingleses e holandeses à Carreira da Índia. Procura mostrar de forma implícita que este foi um dos fatores responsáveis pela desarticulação do Império Lusitano no Oriente, durante a chamada época das navegações, à medida que a principal causa dos naufrágios verificados nesta rota, sobretudo entre 1580 e 1640, ocorreu durante o período do domínio espanhol sobre Portugal. A metodologia adotada para a concretização desta pesquisa envolveu a coleta de dados quantitativos e qualitativos junto ao Arquivo Nacional da Torre do Tombo, Arquivo Histórico Ultramarino e Biblioteca Nacional de Lisboa, todos em Portugal. O autor valeu-se da metodologia desenvolvida pela Escola de Annales, usando, sobretudo, o mét do Braudeliano mesclado a pressupostos filosóficos e lógicos dedutivos.

**Palavras-Chaves**

Piratas, Corsários, Navegação, Carreira da Índia.

**Abstract**

The article aims to address the qualitative and quantitative description of the attack of pirates and privateers English and Dutch to Career in India, showing the implication that this was one of the factors responsible for the disarticulation of the Lusitanian empire in the East during the call days of sailing ships. As the main cause of the wrecks occurred on this route, especially between 1580 and 1640, a period of Spanish rule over Portugal. The methodology adopted for the realization of this research involved the collection of quantitative and qualitative data from the National Archive of Torre do Tombo, Overseas Historical Archive and National Library in Lisbon, Portugal at all. The author drew on the methodology developed by the School of Annales, using mainly the method Braudelian merged the philosophical assumptions and deductive logic.

**Keywords**

Pirates, Privateers, Navigation, Career of India.

# Introdução

Atualmente, neste início do século XXI, a pirataria ameaça rotas marítimas comerciais em diversos pontos do globo, gerando tensões internacionais e forçando diversas nações a enviarem navios de guerra para patrulharem águas internacionais.

Acontece que alguns destes países ameaçados pelo assédio de piratas, em um passado não muito distante, iniciaram sua escalada hegemônica graças a atos de pirataria, acumulando capital a partir de assaltos e sequestros efetuados no século *XVI* e *XVII*.

Notadamente, Inglaterra e Holanda, valendo-se das chamadas cartas de corso, concessão para que aventureiros praticassem a pirataria contra países considerados rivais, procuraram atacar embarcações portuguesas, desarticulando o Império lusitano no Oriente, quando então Portugal era senhora de possessões em três continentes. Pretendemos aqui, justamente, tratar da descrição quantitativa e qualitativa do ataque de piratas ingleses e holandeses às embarcações da chamada Carreira da Índia, entre 1497 e 1653.

No século XVI e XVII, a rota uniu Lisboa, em Portugal, com Goa, na Índia. Passando por alguns pontos de escala como a Ilha da Madeira, Angola e Moçambique, na África, e diversos locais no Brasil colonial.

Serviu ao transporte de passageiros, mas, principalmente, ao deslocamento de carga, levando produtos europeus manufaturados para a América portuguesa, África e Ásia, trazendo especiarias para a Europa, quase sempre pimenta do reino, além de porcelana e seda da China e prata do Japão (RAMOS, 2004).

Em certo sentido, a Carreira da Índia originou a transculturação de gêneros e gentes, marcando os primórdios da globalização que iria se intensificar a partir de 1980. Esteve inserida em um grande negócio que chegou a possibilitar aos investidores da época um lucro de até 24.000% sobre o capital investido, em um prazo de apenas dois anos.

Buscando acessar estas riquezas, piratas patrocinados por nações europeias que estavam fora destas negociações, no caso, como já citamos, Inglaterra e Holanda, foram responsáveis por inúmeros ataques bem sucedidos aos navios lusitanos que iam ou vinham da Índia, propiciando uma acumulação primitiva de capital que seria utilizada para alavancar a Revolução Industrial no século *XVIII* (RAMOS, 2009).

Embora não possamos classificar a maior parte dos assédios como efetuados por piratas propriamente ditos, uma vez que, mais semelhantes a corsários, flibusteiros ou bucaneiros; preferimos adotar uma nomenclatura mais geral e elástica, na qual entendemos estarem incluídas todas as categorias de piratas, quer pilhassem por seu proveito próprio ou de algum Estado.

Não obstante ao fato de 16,5% das causas de naufrágios na Carreira da Índia, entre 1497 e 1653, serem atribuídas ao ataque de piratas, 47,8% dos navios afundados possuem causa ignorada, o que da margem a inúmeras interpretações. Na verdade, o índice de naufrágios devido a atos de pirataria em determinados períodos foi alarmante, sobretudo durante o domínio Felipino sobre Portugal.

Desta forma, o ataque de piratas ingleses e holandeses contribuiu concretamente para a desarticulação do Império Português no Oriente, apesar de não ter sido a única causa do declínio do poderio português nos mares da Índia.

No período mencionado, dos 195 navios naufragados em

meio às 1.022 embarcações partidas de Lisboa (RAMOS, 1997, p. 75-94) – além dos que possuem causa ignorada ou dos motivados devido a ataque de piratas – 16% possuem como causa o fato do navio haver encalhado; 7,7% afundaram ainda no porto devido ao desgaste da embarcação, a superlotação ou pela imperícia do piloto, entre outras causas; 0,6% tiveram sua tripulação dizimada por doenças; e 4,2% possuem como causa outros fatores que não os descritos, sendo a maior parte motivada pelo confronto com nativos, enquanto aportados.

Tabela 1. Causas dos Naufrágios na Carreira da Índia (1500-1653), número de embarcações naufragadas.

| Período | Desconhecida | Encalhamento | Ataque de Piratas | Naufrágio ainda no Porto |
|---|---|---|---|---|
| 1500-1509 | 10 | 2 | 1 | 0 |
| 1510-1519 | 6 | 3 | 0 | 0 |
| 1520-1529 | 9 | 3 | 0 | 2 |
| 1530-1539 | 5 | 1 | 0 | 0 |
| 1540-1549 | 4 | 1 | 0 | 1 |
| 1550-1559 | 10 | 1 | 0 | 0 |
| 1560-1569 | 2 | 1 | 0 | 1 |
| 1570-1579 | 4 | 1 | 0 | 0 |
| 1580-1589 | 2 | 3 | 1 | 3 |
| 1590-1599 | 13 | 2 | 5 | 3 |
| 1600-1609 | 8 | 6 | 12 | 3 |
| 1610-1619 | 4 | 3 | 3 | 0 |
| 1620-1629 | 8 | 1 | 5 | 2 |
| 1630-1639 | 0 | 1 | 4 | 0 |
| 1640-1649 | 6 | 2 | 1 | 0 |
| 1650-1653 | 2 | 0 | 0 | 0 |
| Total | 93 | 31 | 32 | 15 |

Fonte: Levantamento realizado a partir do confronto de informações entre os "Navios da Carreira da Índia", códice anônimo da British Library, e a relação dos "Governadores da Índia", escrita em Goa pelo Padre Manuel Xavier; ambas as fontes do século XVII, presentes In: ALBUQUERQUE, Luís de (org.) *Relações da Carreira da Índia*. Lisboa, Alfa, 1989.

Tabela 2. Causas dos naufrágios na Carreira da Índia (1497-1653), número de embarcações naufragadas.

| Período | Tempestade | Doenças | Outras Causas | Embarcações avariadas |
|---|---|---|---|---|
| 1497-1499 | 0 | 0 | 1 | 3 |
| 1500-1509 | 5 | 1 | 0 | 2 |
| 1510-1519 | 0 | 0 | 0 | 3 |
| 1520-1529 | 0 | 0 | 1 | 1 |
| 1530-1539 | 0 | 0 | 0 | 0 |
| 1540-1549 | 0 | 0 | 0 | 0 |
| 1550-1559 | 1 | 0 | 1 | 0 |
| 1560-1569 | 1 | 0 | 1 | 0 |
| 1570-1579 | 0 | 0 | 0 | 0 |
| 1580-1589 | 0 | 0 | 0 | 4 |
| 1590-1599 | 0 | 0 | 1 | 3 |
| 1600-1609 | 1 | 0 | 1 | 5 |
| 1610-1619 | 1 | 0 | 1 | 3 |
| 1620-1629 | 5 | 0 | 2 | 5 |
| 1630-1639 | 0 | 0 | 0 | 0 |
| 1640-1649 | 0 | 0 | 0 | 0 |
| 1650-1653 | 0 | 0 | 0 | 0 |
| Total | 14 | 1 | 9 | 29 |

Fonte: Levantamento realizado a partir do confronto de informações entre os "Navios da Carreira da Índia", códice anônimo da British Library, e a relação dos "Governadores da Índia", escrita em Goa pelo Padre Manuel Xavier; ambas as fontes do século XVII, presentes In: ALBUQUERQUE, Luís de (org.). *Relações da Carreira da Índia*. Lisboa, Alfa, 1989.

Gráfico 1. Representação dos naufrágios, comprovadamente, causados por ataque de piratas à Carreira da Índia, entre 1497 e 1653:

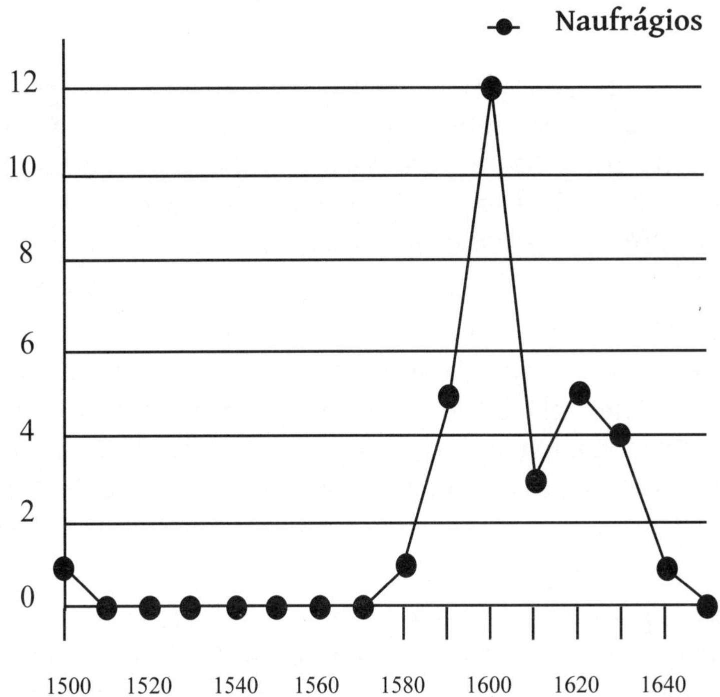


Fonte: Levantamento realizado a partir do confronto de informações entre os "Navios da Carreira da Índia", códice anônimo da British Library, e a relação dos "Governadores da Índia", escrita em Goa pelo Padre Manuel Xavier; ambas as fontes do século XVII, presentes In: ALBUQUERQUE, Luís de (org.) *Relações da Carreira da Índia*. Lisboa, Alfa, 1989.

# O Domínio Espanhol e a disputa pelo Império

Portugal é uma nação que originalmente foi um condado de Castela, tornando-se independente em 1139, portanto, pertenceu ao que hoje conhecemos como Espanha, criando uma rivalidade intensa e que teria vazão séculos depois, quando em um período de 60 anos, as Coroas Ibéricas estariam unidas novamente sob as mãos de um mesmo rei.

Como podemos facilmente constatar através do gráfico 1, composto a partir da quantificação das causa dos naufrágios na Carreira da Índia entre 1497 e 1653, realizado em um trabalho desenvolvido anteriormente (RAMOS, 2000), o afundamento de embarcações portuguesas, devido à pirataria, inicia-se justamente quando Portugal passa a ser dominado pela Espanha.

Assim, em 1580, os navios portugueses passaram a ser assediados por piratas, o que praticamente só cessou em 1640, ano em que Lisboa foi tomada dos espanhóis por uma revolta portuguesa que restaurou a monarquia do país, colocando no trono D. João IV.

Entretanto os fatos que levaram Portugal a tornar-se subordinada novamente a Espanha se iniciaram em 1578, quando, com 24 anos, o monarca português, D. Sebastião, embarcou para a África com todas as forças que havia conseguido reunir. O que se resumiu a cerca de dezessete mil combatentes, dos quais cinco mil eram mercenários estrangeiros. A empreitada teve como consequência a morte do rei, que foi sucedido por seu tio avó, D. Henrique (não confundir com o Navegador), um cardeal católico que faleceu, sem deixar descendentes, pouco depois.

Contando com o apoio do povo miúdo, quando D. Henrique morreu, D. António, um dos possíveis sucessores dentro da linha dinástica, entrou em Lisboa sendo aclamado rei, ao que os nobres, considerando o episódio como uma revolta popular, temerosos, fugiram. Felipe II, rei da Espanha, primo de D. Sebastião, aproveitou-se da situação, invadindo Portugal com suas tropas, cruzando a fronteira sem enfrentar resistência.

Na realidade, D. António foi o único que tentou organizar um movimento para resistir aos espanhóis, apelando ao povo, porém, tudo que conseguiu foi formar um exército composto de escravos, sob promessa de alforria, além de criminosos comuns soltos das cadeias. Terminou derrotado, sendo obrigado a fugir do país no inicio de 1581, indo buscar apoio na França e Inglaterra.

Não obstante a pequena resistência enfrentada, graças ao apoio da nobreza e da alta burguesia, Felipe II foi aclamado rei de Portugal, nas Cortes reunidas em Tomar, em abril de 1581. Subindo o novo monarca ao trono português, a Inglaterra, tradicional rival da Espanha, passou a atacar também as embarcações portuguesas, sendo responsável por grande parte dos naufrágios observados na Carreira da Índia, entre 1580 e 1640, aos quais se juntaram, mais tarde, os ataques holandeses.

De fato, antes de 1585, ano em que aconteceu o primeiro ataque de piratas ingleses à Carreira da Índia, o único assalto conhecido que resultou em naufrágio foi efetivado por piratas franceses. Na ocasião a nau de Job Queimado, à tornada para o Reino, foi interceptada em 1506.

Destarte, nada objeta que tenham sido realizados outros

ataques não conhecidos. Em geral, raramente um ataque pirata deixava sobreviventes para relatar o acontecido, a não ser em caso de sequestro de pessoas de posição para pedir resgate aos familiares.

Dentre 195 naufrágios observados na Carreira da Índia, entre 1497 e 1653, 32 tiveram como causa conhecida o ataque de piratas; tendo sido 9 deles realizados por piratas a serviço da Inglaterra, 21 por holandeses, 1 por franceses, e 1 por piratas mouros, conforme podemos comprovar através da tabela 3, no qual é determinado o ano do naufrágio, a quantidade de embarcações naufragadas e a origem dos piratas.

Assim, dos 32 naufrágios conhecidos, cuja causa é identificada como ataque de piratas, 28,12% teriam sido causados por ingleses, 65,62% por holandeses, 3,13% por franceses e 3,13% por piratas mouros. Cabe notar que, não obstante ao fato de 16,5% dos naufrágios terem como causa o ataque de piratas (RAMOS, 1997, p. 83-84), tudo leva a crer que este índice seja mais elevado.

Considerando este índice, não como exato, mas sim como aproximado, podemos facilmente notar que a atividade corsária foi uma das principais causas dos naufrágios na Carreira da Índia, desarticulando a ligação entre Lisboa e Goa, além dos portos de escala entre uma e outra.

Isto é claro, levando em conta que não era apenas o fato da embarcação ter sido atacada que a levava ao fundo. Muitas vezes, este fato somado à sobrecarga da embarcação, carregada em excesso, tornava a defesa quase impossível. Apesar do desgaste do navio pelo tempo, também tornar as embarcações lusitanas mais frágeis que suas oponentes.

No século XVI e XVII, todo e qualquer naufrágio tinha como causa, não um único fator isolado, era fruto de uma verdadeira somatória de fatores. Os naufrágios cuja causa foi atribuída ao ataque de piratas não fogem a esta regra.

Tabela 3. Ataques de Piratas, conhecidos, à Carreira da Índia que resultaram em naufrágio, segundo o ano e a origem dos piratas:

| Data | Ingleses | Holandeses | Franceses | Mouros |
|---|---|---|---|---|
| 1506 | 0 | 0 | 1 | 0 |
| 1585 ou 1586 | 1 | 0 | 0 | 0 |
| 1590 | 1 | 0 | 0 | 0 |
| 1591 | 2 | 0 | 0 | 0 |
| 1592 | 1 | 0 | 0 | 0 |
| 1593 | 1 | 0 | 0 | 0 |
| 1600 | 0 | 2 | 0 | 0 |
| 1601 | 0 | 1 | 0 | 0 |
| 1605 | 0 | 5 | 0 | 0 |
| 1607 | 0 | 2 | 0 | 0 |
| 1608 | 0 | 2 | 0 | 0 |
| 1613 | 1 | 0 | 0 | 0 |
| 1618 | 1 | 0 | 0 | 0 |
| 1621 | 0 | 1 | 0 | 1 |
| 1622 | 1 | 1 | 0 | 0 |
| 1623 | 0 | 1 | 0 | 0 |
| 1624 | 0 | 1 | 0 | 0 |
| 1636 | 0 | 1 | 0 | 0 |
| 1637 | 0 | 1 | 0 | 0 |
| 1638 | 0 | 1 | 0 | 0 |
| 1639 | 0 | 1 | 0 | 0 |
| 1641 | 0 | 1 | 0 | 0 |
| Total | 9 | 21 | 1 | 1 |

Fonte: Levantamento realizado a partir do confronto de informações entre os "Navios da Carreira da Índia", códice anônimo da British Library, e a relação dos "Governadores da Índia", escrita em Goa pelo Padre Manuel Xavier; ambas as fontes do século XVII, presentes In: ALBUQUERQUE, Luís de (org.). Lisboa, Alfa, 1989.

# O Corso Inglês

A Inglaterra sempre manteve relações amigáveis com Portugal, em 1226, mais de 100 navegantes portugueses obtiveram do rei inglês permissão para comercializar no país, bem como salvo-conduto contra ataques dos corsários da nação, os quais, nesta época, atuavam apenas na costa britânica, caracteristicamente em casos oportunistas, em uma situação análoga à verificada contemporaneamente na costa africana.

Mais tarde, quando o rei D. Fernando, em 1372, resolveu, pela segunda vez, declarar guerra a Castela, os ingleses apoiaram os portugueses; visto que possuíam pretensão ao trono espanhol, sob a desculpa de que tinham este direito porque Eduardo III, filho do Duque de Lancaster, havia se casado com uma filha ilegítima de Pedro, o Cru, rei da Espanha.

Na ocasião, os ingleses estavam ainda envolvidos na Guerra dos Cem Anos, o que fez com que as tropas inglesas não conseguiram chegar a tempo, já que, antes que partissem, Portugal tinha sido invadido por tropas castelhanas que obrigaram D. Fernando a assinar um acordo de paz, no qual os portugueses se comprometeram a apoiar Castela na sua luta contra a Inglaterra.

Além disto, apesar de estar envolvida em questões internas que impediram a formação de uma frota naval capaz de competir com Espanha e Portugal, pequenos veleiros ingleses operavam em rotas comercias no Mediterrâneo desde 1446.

Embora, contraditoriamente, devido aos constantes ataques piratas às embarcações inglesas, os comerciantes da Inglaterra preferissem sempre fazer uso de "galeras venezianas" e de navios "espanhóis" e "portugueses", para transportar "suas mercadorias" (BRAUDEL, 1983, vol. 1, p. 664-665). Os ingleses parecem ter aprendido muito com os ataques sofridos por piratas, pois, no século XVI, procuraram utilizar os serviços prestados pelos chamados corsários.

Com a resolução de suas questões domésticas, ainda no final do século XV, a Inglaterra procurou fortalecer sua frota naval por meio do édito de Henrique VII, através do qual se determinava que "os navios estrangeiros só (podiam) ser carregados se não (houvesse) nos portos frete inglês disponível".

A necessidade de escoar a produção da nascente manufatura inglesa, forçava o Estado a exercer controle sobre o comércio para estimulá-lo. Para que o país pudesse se desenvolver economicamente fazia-se necessário arrecadar mais recursos monetários, neste sentido, a utilização do corso surgiu como a forma mais viável de estimulo ao desenvolvimento naval e acumulo financeiro.

Esta arrecadação primitiva de capital, talvez a mais antiga conhecida, começou por ser obtida por meio da interceptação dos galeões espanhóis, carregados com prata do Novo Mundo.

No final do século XVI, "na época de Elizabeth I, quando Walter Raleigh torna-se o teórico de uma espécie de imperialismo marítimo", a seguinte premissa passou a nortear as ações do Estado inglês, sendo defendida veementemente: "Quem comanda o mar, comanda o comércio; quem comanda o comércio, comanda a riqueza do mundo, e por conseguinte o próprio mundo." (FERRO, 1996, p. 67).

Seguindo este axioma a risca, a Inglaterra deu inicio a uma verdadeira guerra de pirataria contra a Espanha, cujo poder marítimo, estimulado pela prata da América, tornava-se crescente, caminhando para um verdadeiro domínio pleno dos mares.

Acontece que a União Ibérica entre Portugal e Espanha, em 1580, fez os inimigos da Espanha passaram a ser considerados também inimigos de Portugal, não obstante as boas relações observadas entre portugueses e ingleses.

Sob o pretexto de auxiliar D. António, o Prior do Crato, em sua luta contra o domínio espanhol sobre Portugal, os ingleses passaram a atacar às embarcações portuguesas. A União Ibérica terminou por quebrar o precário equilíbrio de poder entre Inglaterra e Espanha, a favor desta ultima, sendo mais interessante para os ingleses que Portugal, seu potencial aliado contra os espanhóis, mantivesse sua autonomia.

Os ataques ingleses a objetivos militares portugueses se iniciaram logo que a União Ibérica foi concretizada, por volta do final do ano 1580. Francis Drake, ao voltar de sua bem sucedida viagem de saque à América espanhola, passando pelas Molucas, no oceano Índico, ofereceu sua proteção a um sultão revoltado contra os portugueses, fundando a primeira feitoria inglesa no Oriente.

Quando a nobreza e a burguesia portuguesa resolveram apoiar a união com a Espanha, estavam cientes de que as embarcações comerciais e possessões portuguesas passariam a ser atacadas pelos inimigos da Espanha; contavam, porém, com a proteção da poderosa armada espanhola.

Ocorre que a invencível armada espanhola, composta por cerca de 200 navios, dos quais 31 eram embarcações portuguesas de alto bordo, mais de 20 mil soldados e 10 mil marinheiros, tinha partido para a Inglaterra em 1588 para nunca retornar.

A armada espanhola, que havia zarpado com a confiada esperança de um milagre, pois, afinal, Cortês, com poucos homens e cavalos, havia conquistado um império na América;

terminou vencida por uma grande tempestade de verão.

Tamanho foi o desastre que "dos duzentos navios que tinham ido, voltaram (apenas) cinqüenta e três", os portugueses não podiam mais contar com a proteção da grande armada espanhola, os oceanos estavam definitivamente entregues aos "aventureiros mercadores, nome dado em Inglaterra aos corsários" (SARAIVA, 1995, p. 202).

O primeiro ataque de piratas ingleses contra navios mercantes da Carreira da Índia foi realizada por Francis Drake, entre 1585; segundo determina o Padre Manuel Xavier em seu Governadores da Índia, e 1586, conforme narra a relação anônima da Carreira da Índia da British Library; quando "João Trigueiros em S. Felipe, invernou em Moçambique e ali tomou a carga na nau S. Lourenço e tornando para o Reino, no caminho a topou com Drake", tal como narra literalmente a documentação da época.

Durante o período que vai de 1585 até 1622, naufragaram, devido a ataque de piratas ingleses, 9 embarcações da Carreira da Índia, embora tenham sido travados 12 combates entre navios ingleses e portugueses neste mesmo espaço de tempo.

Em geral, quando atacadas por navios ingleses, as embarcações portuguesas terminavam sendo afundadas após o saque da carga, no entanto, três casos foram exceções à regra.

Em 1591, dirigindo-se de Portugal para Malaca, quando então não se encontrava por demais lotada, possuindo uma tripulação descansada e em condições de saúde adequadas para dar combate, a nau São Luís, comandada por D. Francisco Mascarenhas, tomou uma nau inglesa.

O que por si demonstra o potencial de combate dos navegantes portugueses, ilustrando de forma significativa que não era a falta de capacidade militar que impedia as embarcações portuguesas de revidar os ataques ingleses, mas outros fatores, tal como o excesso de carga, a imperícia dos pilotos ou o desgaste da embarcação.

O exemplo da nau São Luís foi seguido pelo capitão-mor da armada de 1593, D. Luís Coutinho Canato, a bordo da nau S. Felipe, que, à ida para o Reino, pelejou com três naus inglesas, as quais poucos dias antes haviam queimado a nau Chagas, pondo farol para que o seguissem, embora não tenha conseguido afundar nenhuma das embarcações inimigas, constituindo o segundo caso de confronto entre ingleses e portugueses que não resultou em um naufrágio português.

Devemos notar que, neste mesmo ano, apesar da nau São Felipe escapar dos piratas, estas mesmas embarcações inglesas terminaram por saquear e levar ao fundo a nau São Pedro, que indo para o Reino foi dar na costa do Brasil.

O terceiro caso de confronto entre embarcações da Carreira da Índia e piratas ingleses que não resultou em naufrágio, é extremamente curioso, constituindo um caso raro e a parte, pois, "tomado de 6 naus inglesas junto à ilha de São Lourenço, sem bombarda de gente", o comandante da "nau S. Carlos", o "Capitão-mor" da armada de 1618, "D. Cristovão de Noronha", terminou optando por fazer um acordo com os piratas, pagando "de concerto noventa e duas mil patacas de direito de gentes"  para que sua embarcação fosse poupada pelo inimigo.

Temendo os ingleses, D. Cristovão preferiu pagar pedágio, chegando "a Goa a 18 de Novembro", causa "por que o vizo-rei mandou preso para o reino o capitão-mor e lhe tirou a capitania", já que ele "não quis pelejar com as naus inglesas, e se concertou com elas a dinheiro, e lhes deu muita soma que tomou dos cabedais dos mercadores", por isso "morreu preso no Castelo"[1].

O episódio, do pagamento de pedágio aos piratas ingleses pela nau São Carlos, não pode deixar de causar estranheza, já que, quando atacadas por piratas, as embarcações da Carreira da Índia procuravam sempre resistir, indo ao fundo em meio ao combate.

Foi que ocorreu, por exemplo, com a "nau Chagas", na "ilha do Faial", quando ao encontrar "três naus da Inglaterra, pelejou valorosamente", ao que nada conseguiu impedir que "os ingleses, com uma lança", lhe pusessem fogo, matando "toda a gente", salvando-se apenas "treze dos portugueses",[2] isto quando a média de embarcados rondava 500 pessoas entre tripulantes e passageiros.

Quando percebiam que não poderiam resistir por muito tempo, alguns capitães terminavam optando por queimar a embarcação para que o inimigo não pudesse se apoderar da carga, como procedeu, em 1591, o capitão António Teixeira de Miranda na nau Santa Cruz, que, indo para o Reino, na ilha do Corvo, acabou colocando fogo na embarcação em razão dos ingleses.

A morte era sempre preferida a entregar a carga aos piratas, uma vez que, caso a embarcação caísse em mãos inimigas, o fim trágico seria de qualquer forma inevitável, sendo assim, o melhor a fazer era morrer com dignidade.

Em todo caso, este era um risco mais frequente quando os navios estavam voltando do Oriente para a Europa, carregados com riquezas, quando os piratas ingleses procuravam atacar as embarcações: 75% dos navios perdidos na Carreira da Índia foram atacados quando voltavam da Índia, apenas 3

1. Navios da Carreira da Índia (1497-1653), códice anónimo da British Library In: ALBUQUERQUE, 1989, p.69.

2. Governadores da Índia, pelo Padre Manuel Xavier In: ALBUQUERQUE, 1989, p.141

embarcações foram atacadas na ida.

Além do motivo obvio que levava os ingleses a atacarem as embarcações quando voltavam, isto se devia também a razões estratégicas, pois, enquanto na ida as embarcações contavam com homens descansados e farta munição, na volta vinham carregadas em excesso, o que dificultava a defesa do navio, com pouca ou nenhuma munição, tripuladas por homens exaustos e famintos.

Quase sempre os piratas ingleses operaram nas águas do Atlântico, na verdade, entre 1585 e 1593, procuraram atacar as embarcações portuguesas nas proximidades da Europa e América; depois que os ataques foram suspensos, em 1594, quando foram reiniciados 1613, a zona preferida foi transferida para as águas do Índico.

Dentre 12 ataques de piratas ingleses às embarcações da Carreira da Índia, incluindo 9 ataques que resultaram em naufrágio, 6 ocorreram próximos ao Arquipélago dos Açores (3 próximos à ilha do Corvo, 1 a ilha do Faial, e 2 não definidos), 1 na saída da barra de Lisboa, 1 nas proximidades da costa do Brasil, 1 próximo a Ilha de São Lourenço no Atlântico Sul, 2 nas proximidades de Moçambique e 1 próximo a Goa.

O que significa que cerca de 50% dos ataques ingleses aconteceram nas proximidades do Arquipélago dos Açores, 8,3% na saída da barra de Lisboa, 8,3% na costa do Brasil, 8,3% na Ilha de São Lourenço, 16,8% nas proximidades de Moçambique e 8,3% próximos a Goa.

Em geral, os ingleses procuraram atacar às embarcações da Carreira da Índia em formações compostas por grupos de 3 a 6 navios, garantindo a superioridade numérica sobre os portugueses. O único caso registrado de combate travado em igualdade de forças é, justamente, o caso anteriormente descrito em que uma embarcação portuguesa, comandado por D. Francisco Mascarenhas, em 1591, tomou uma nau inglesa.

Desta forma, enfrentando um constante excesso de carga, fome, sede, doenças, falta de munições, a imperícia de muitos pilotos e navegando em embarcações semipodres, muito desgastadas pelo tempo, bem como estando, frequentemente, em desvantagem numérica; tornava-se difícil aos portugueses resistir aos ataques dos corsários ingleses.

Além dos 12 ataques realizados por piratas ingleses à Carreira da Índia, dos quais 9 resultaram em naufrágio, é interessante notar que, apesar dos ataques às embarcações portuguesas terem sido interrompidos entre 1594 e 1612, no ano de 1598 não partiram naus de Lisboa para a Índia por lhe tomar a barra uma grossa armada de Inglaterra. Além do que, não obstante o último ataque inglês à Carreira da Índia ter sido realizado em 1622, no ano seguinte, os ingleses procuraram fechar a barra de Cochim, no Oriente, com 14 naus, razão de não ir a nau São Tomé para o Reino.

Apesar do último ato de agressão dos ingleses à Carreira da Índia ter sido registrado em 1623, a garantia de paz só foi definitivamente alcançada depois que a linha legítima de sucessão ao trono português foi restaurada, em 1640; tendo sido o estopim a revolta dc 1637, quando o neto de Dona Catarina, Duquesa de Bragança, D. João, foi aclamado rei de Portugal, sob o título de D. João IV.

A paz com os ingleses foi ratificada em "29 de janeiro de 1642", através da assinatura "do tratado de paz e comércio entre Portugal e Inglaterra" (SÉRGIO, 1958, vol. 1, p. 10) e da entrega, um pouco mais tarde, pelo "Vizo-rei" da Índia, "António de Melo de Castro, por ordem da rainha regente, de Bombaim, aos ingleses"[3].

3. Compêndio de todos os vizo-reis e governadores da Índia, feito pelo Padre Ma-

A paz em definitivo com Portugal viria a ser extremamente benéfica aos ingleses, uma vez que, na segunda metade do século XVII, os interesses da Inglaterra iriam entrar em conflito direto com as pretensões comerciais da Holanda. O que, pouco depois, iria dar início às guerras anglo-holandesas, em 1652-1654 e em 1664-1667, geradas pela promulgação, por Cromwell, dos Atos de Navegação, em 1651, os quais, praticamente, impediam os holandeses de intermediar o transporte de mercadorias até a Inglaterra.

## O Corso Holandês

A Holanda, dominada pela Espanha, sob o julgo de Felipe II, com as diferenças religiosas, políticas, econômicas e culturais gritantes entre as duas nações, não tardaria em se rebelar. Em 1568 iniciou-se a guerra pela independência que duraria oitenta anos. Lutando contra o poderio do grande Império espanhol, os holandeses, cujas tropas eram numericamente inferiores aos exércitos castelhanos, procuraram fazer uso, sobretudo, da guerra através do corso.

Neste contexto, com a União Ibérica, em 1580, Portugal terminou por sofrer, também, as consequências desta guerra. Não satisfeitos com os lucros de 15% sobre o refino e distribuição do açúcar brasileiro, os holandeses procuram aproveitar o domínio de seu inimigo sobre Portugal para tentar invadir a Bahia, um plano que acabou frustrado.

No entanto, em seguida, a invasão de Pernambuco logrou êxito, onde os holandeses permanecem por mais de vinte anos (1630-1654), aumentando sua margem de lucro para 75% (FERRO, 1996, p. 65). E, mesmo depois de expulsos de Pernambuco, passariam a produzir açúcar nas Antilhas, de-

nuel Xavier da Companhia de Jesus In: ALBUQUERQUE, 1989, p. 95.

sarticulando, por meio da concorrência, o sistema de produção açucareira português no Brasil.

No campo jurídico internacional, o "Frei Serafim de Freitas, português natural de Lisboa que se formou em direito canônico na Universidade de Coimbra", procurou defender o direito português à posse do monopólio da rota da Índia e de determinados territórios no Oriente e na América, por meio da tese do direito de descoberta, em seu *De justo imperio Lusitanorum asiatico* (SÉRGIO, 1958, vol. 1, p. 40).

Por sua vez, "Hugo van Groot", o "estadista, jurisconsulto, teólogo, diplomata e historiador holandês (1583-1645)", na qualidade de advogado da Companhia Holandesa das Índias, "compôs o seu livro, *De Jure praedae* (1604 e 1605), com o objetivo de justificar a primeira presa de um navio português por outro daquela companhia, no estreito de Malaca". Contra a doutrina portuguesa do "mar fechado, baseada *no jus inventiones*, ou direito de descoberta", em "1608", os holandeses defenderam a tese do "*Mare Liberun*" (SÉRGIO, 1958, vol. 1, p. 22), ou seja, do mar livre.

O primeiro ataque dos corsários holandeses à Carreira da Índia que resultou em naufrágio foi registrado em 1600, quando duas embarcações portuguesas foram afundadas por navios holandeses, tendo sido uma delas atacada em Sesimbra (no sul de Portugal) e a outra no Oriente, dirigindo-se de Chaul para Goa.

Os ataques holandeses foram responsáveis pelo naufrágio de 21 embarcações portuguesas, o que corresponde a 65,62% das embarcações naufragadas devido a ataques de piratas, um assedio que só cessaria em 1642.

Apesar de 21 embarcações portuguesas terem naufragado devido aos ataques holandeses, foram travados 26 combates entre navios da Carreira da Índia e embarcações batavas. Em quatro combates, em 1605, 1609, e 1612, quatro navios holandeses foram afundados.

O primeiro ataque holandês à Carreira da Índia foi realizado em 1599, embora este tenha sido malsucedido, pois a nau S. Martinho, comandada por João Soares Henriques, atacada quando voltava para o Reino por duas naus holandesas que estavam em Santa Helena, conseguiu fugir para o Brasil.

Neste mesmo ano, fugiu também um outro navio lusitano destas mesmas duas naus holandesas, que continuavam em Santa Helena, no caso, indo para o Reino, a nau S. Simão, comandada por Diogo de Souza. É interessante notar que, apesar de atacadas, estas duas naus portuguesas conseguiram fugir dos corsários holandeses, embora não tenham revidado.

A primeira embarcação holandesa foi afundada pelos portugueses em 1605, quando Álvaro de Carneiro, capitão-geral do mar do Sul, em Nossa Senhora das Mercês, morreu em Malaca pelejando com os holandeses, depois de ter rendido uma nau holandesa, ao que no final se lhe queimou a sua nau em meio ao combate.

Também em 1605, Manuel Teles de Meneses, no galeão São Salvador, depois de render uma nau holandesa, não pode evitar que em razão do combate "se lhe queim (asse) com ela o galeão de Duarte da Guerra"[4]. Constituindo estes dois casos, os dois primeiros combates que resultaram no naufrágio de embarcações holandesas.

O terceiro combate travado entre holandeses e portugueses, no qual foi afundado o navio inimigo, ocorreu em 1609, quando "Luís de Barde, em S. Boaventura, a 20 de novembro

4. Governadores da Índia, pelo Padre Manuel Xavier In: ALBUQUERQUE, p.147.

chegou a Goa onde invernou" (e) "foi nela Dom Fr. Aleixo de Meneses, arcebispo primaz e governador da Índia; pelej(ando) com cinco [naus] holandesas e mete(ndo) uma no fundo"[5].

O quarto e último combate entre portugueses e holandeses, no qual um navio holandês foi afundado por uma embarcação da Carreira da Índia, ocorreu em 1612, quando o Capitão-mor Dom Jerónimo de Almeida em Nª Srª da Nazaré, "indo para o Reino", conseguiu realizar o notável feito de combater sozinho "dez [naus] holandes(a)s" metendo "uma no fundo", aprisionando "4 holandeses vivos"[6].

Ao contrário dos ingleses, os corsários holandeses não tinham preferência em atacar às embarcações portuguesas na ida ou na volta. Dentre 26 ataques à Carreira da Índia, 16 foram feitos às embarcações que voltavam da Índia para o Reino, e 10 aos navios que iam de Lisboa para o Oriente.

O que equivale a dizer que, enquanto 48,47% das embarcações da Carreira da Índia foram atacadas pelos holandeses na ida; 61,53% foram atacadas na volta. Na verdade, enquanto o objetivo dos ataques ingleses era o saque, o objetivo dos ataques holandeses era desarticular o Império Marítimo Português, pouco importando se havia um saque a render.

Igualmente ao contrário dos ingleses, os holandeses procuraram atuar, sobretudo, nas águas do Atlântico Sul e do Índico, sempre próximos a pontos estratégicos. Dentre 26 ataques efetuados pelos holandeses às embarcações da Carreira da Índia, 6 foram realizados nas proximidades de Malaca, 4 de Goa, 2 de Ormuz, 4 de Moçambique, 4 próximos à Ilha de Santa Helena, no Atlântico Sul, 4 nas proximidades da costa da África Ocidental, 1 na costa do Brasil e apenas 1 próximo a Sesimbra, em Portugal.

5. Idem, Ibid, p.150.
6. Idem, Ibid, p.152.

Portanto, 23,07% dos ataques holandeses à Carreira da Índia foram realizados nas proximidades de Malaca, 15,38% de Goa, 7,69% de Ormuz, 15,38% de Moçambique, 15,38% próximos à Ilha de Santa Helena, 15,38% nas proximidades da costa da África Ocidental, 3,86% na costa do Brasil e apenas 3,86% próximos à Europa.

Desta forma, 61,52% dos ataques foram realizados nas águas do Índico, próximos a Índia, 34,62% nas águas do Atlântico Sul, e apenas 3,86% próximos à Europa, no Atlântico Norte. O que demonstra que, como já afirmamos, os ataques holandeses à Carreira da Índia visavam, sobretudo, desarticular o comércio português com o Oriente.

Mesmo depois que os portugueses, em 1640, restauraram sua independência, livrando-se do vínculo com a Espanha, sendo os desastres sofridos às mãos dos holandeses uma das principais razões por que se revoltaram contra a Coroa espanhola, os ataques holandeses não cessaram.

Em "1641", foi assinada, em "Haia", uma trégua entre os dois países, que foi "ratificada um ano mais tarde e que apenas entrou em vigor na Ásia em novembro de 1644" (BOXER, 1969, p. 121), nem sempre sendo respeitada, durando apenas dez anos.

Nem mesmo o "tratado de Munster, assinado em 1648", que pós "fim à Guerra dos Oitenta Anos entre a Holanda Setentrional e a Espanha", conseguiu acabar com as hostilidades entre portugueses e holandeses.

A eclosão da revolta pernambucana, em 1645, voltou a acirrar as hostilidades, o que levou à eclosão, em 1652, do fim da trégua entre os dois países. Os portugueses procuraram se aliar aos ingleses, "através do casamento de Carlos II com Catarina de Bragança, em 1661". Sacrificando Bombaim e Tânger, entregue aos cuidados da Inglaterra.

Os portugueses só conseguiram a paz com a Holanda graças ao apoio e pressões dos britânicos, isto somente em "1663, embora os termos da paz só tivessem sido fixados seis anos mais tarde, em Lisboa e em Haia" (BOXER, 1969, p. 118-121).

A guerra contra a Holanda foi sempre travada de forma desigual, as embarcações portuguesas foram atacadas por grupos numerosos de embarcações, muitas batalhas foram travadas contra dez e até quatorze navios holandeses para um único português. Os batavos confiaram a organização do assédio aos navios mercantes portugueses aos particulares, aventureiros que praticavam atos de pirataria, entregando parte do saque ao Estado, o que garantiu a superioridade numérica nos mares.

De tão numerosos os inimigos, algumas vezes as embarcações portuguesas foram ao fundo, não em meio ao fogo da artilharia holandesa, mas sim devido ao abalroamento. Este foi o caso, por exemplo, da nau comandada por Manuel M. Homem em S. Nicolau, que morreu junto com Dom Fernando Mascarenhas e seu irmão Dom Pedro, abalroados de quatro naus holandesas.

A guerra foi também desleal, no ano de 1606 não partiram naus de Portugal, por lhes tomar a barra uma armada holandesa, em 1637 não partiu sequer uma única nau para o Reino porque a barra de Cochim estava impedida, além do que, em 1641,

> o Capitão-mor Sancho de Faria da Silva na nau Nª Srª da Quietação a Goa em 22 de Setembro, [...] achou a barra com dez naus holandesas, com que brigou sem terem respeito às pazes feitas e a abordaram e rende-

> ram e mataram o capitão, mandando seu corpo a Goa, que está enterrado no Colégio de S. Paulo Novo"[7].

O corso holandês terminou por cumprir seu objetivo, desarticular o Império Marítimo Português, apesar de "na África Oriental, os Holandeses" terem falhado por duas vezes na tentativa de conquista de Moçambique.

No entanto, os batavos conseguiram fundar uma colônia holandesa no cabo da Boa Esperança, em 1652. Na África Ocidental, fixaram-se na Costa do Ouro em 1612, em Mouri (Fort Nassau). Foi o suficiente para privar os portugueses da maior parte do comércio do ouro e, mais tarde, abrir caminho para a conquista de "São Jorge da Mina em 1625", porém,

> os portugueses mantiveram o controle sobre Angola, Benguela, São Tomé e Príncipe, que reconquistaram dos holandeses entre 1648-1649. (BOXER, 1969, p. 120).

No final, os holandeses saíram vitoriosos graças à sua superioridade numérica e financeira, conseguiram expulsar os portugueses de quase toda Ásia. Entre os poucos locais que os holandeses não conseguiram conquistar, inclui-se Macau, na costa sul da China, as ilhas mais afastadas do grupo de Sunda Menor (Timor, Solor, e Flores), na Indonésia (BOXER, 1969, p. 119), onde os lusos continuaram soberanos.

Os pioneiros portugueses terminaram com quase nada. Não obstante, restou a Portugal o Brasil, na América, sua colônia mais rica, e que mais tarde iria tornar-se independente pelas mãos de um príncipe português. O grande Império português se tornaria gradualmente pequeno novamente, pequenino como nunca antes fora.

---

7. Idem, Ibid, p.170.

## A Defesa do Império

Diogo do Couto, que viveu entre 1542 e 1616, salientou de forma extremamente realista as falhas observadas na defesa do Império Português que levariam a Coroa a perder os territórios conquistados a custo de muitas vidas.

Em sua obra, *O soldado prático*, utilizando como argumento o dialogo travado entre um fidalgo, antigo governador da Índia, e um velho soldado, citando o famoso filósofo Sêneca, Diogo do Couto afirma que do mesmo modo que o "Estado da Índia ganhou-se com muita verdade, com muita fidelidade, com muita liberalidade, com muito valor e com muito esforço"; perdeu-se pela falta de "três coisas: verdade, espadas largas e portugueses de ouro"[8].

Por verdade, o cronista, entendia a determinação no modo de lutar contra os inimigos, a fé que movia os homens em uma guerra santa contra os infiéis, segundo ele "as verdades com que" a Índia "se ganhou foram os vizo-reis embarcados, armas vestidas, fazendo guerra aos inimigos, acrescentando o patrimônio real e enriquecendo o Estado e os vassalos"[9].

Já por espadas largas entendia os homens e armas necessários à empreitada, enquanto por portugueses de ouro, considerava a fidelidade dos homens de honra a Coroa.

Realmente, enquanto os inimigos se resumiram aos mouros, os ingleses e holandeses não representando ainda perigo ao Império Marítimo Português, a Coroa quase não enfrentou dificuldades em rechaçar os ataques às embarcações da Carreira da Índia. Uma única exceção foi um ataque mouro que

8. Diálogo do Soldado Prático que trata dos enganos e desenganos da Índia In: TARRACHA FERREIRA, s.d., p. 472.

9. Idem, Ibid.

resultou no naufrágio de uma embarcação portuguesa, realizado por piratas muçulmanos do norte da África.

Quando os ataques ingleses e holandeses começaram, tornou-se difícil para a debilitada Coroa lusitana, então nas mãos dos espanhóis, defender-se do ataque de inimigos mais poderosos. Os tempos eram outros, os financiadores começavam a escassear, faltavam voluntários, armas, munições e principalmente embarcações em condições de navegabilidade.

A nobreza que outrora havia se lançado a uma cruzada contra os infiéis em busca de cristãos e especiarias, no século XVII,

> deixou de usar desta verdade, e [...] ela se perdeu, aconteceu aos vizo-reis e governadores aquilo que a Aníbal, que, enquanto andou com as armas vestidas pelos exércitos, dormindo nos campos em um couro de boi, que era a sua casa mimosa, conquistou toda Espanha e Itália, e ainda fora senhor de Roma e do mundo todo, se seguira sempre esta verdade; mas, depois que a perdeu e se recolheu às delícias de Cápua, e despiu as armas, logo tornou a perder quanto em tantos anos tinha ganhado[10].

A nobreza portuguesa abandonou seu ideal de honra em benefício do enriquecimento próprio, perdendo sua principal motivação, enfraquecendo seu poder de liderança sobre os soldados.

Os próprios soldados, antes motivados pelo ouro que poderiam ganhar na Índia, mas não só por isto como também pelo seu ideal de fé, deixaram de ser de ouro na verdade, na

10. Idem, Ibid.

liberalidade, no valor, no primor, no esforço. Ao longo dos anos, os voluntários, os homens de honra, devido às precárias condições de vida na Carreira da Índia, começaram a se tornar escassos, cedendo lugar aos degredados, prisioneiros condenados com penas comutadas pelo serviço nas colônias.

Desde o início da Carreira da Índia, as precárias condições de sobrevivência a bordo das embarcações e nas feitorias, havia feito com que "durante o primeiro século e meio" a "Coroa" desenvolvesse "todos os esforços para impedir os navios de fazerem escala nos portos brasileiros, quer na viagem de regresso quer na ida", isto pelo "medo de que os navios da carreira pudessem perder a viagem por tal paragem" (BOXER, 1969, p. 218), pois já nesta época era alta a taxa de deserções.

A situação, através dos anos, agravou-se de tal maneira na Índia que, em "1721", "Dom Christóvão de Mello" fez notar "que as únicas tropas portuguesas europeias disponíveis eram 700 homens do regimento (terço) de Goa, muitos dos quais não estavam fisicamente aptos para o serviço activo", o que em outros tempos seria o suficiente para lotar um único navio da Carreira da Índia, obrigando os portugueses a fazer uso de escravos e de soldados, em sua maioria, embarcados na "qualidade de exilados condenados por crimes infames", e de quem, portanto, não se podia "esperar coragem, nem zelo" (BOXER, 1969, p. 139).

Os soldados da idade de ouro decaíram para uma toda de ferro, em que tudo que sobrava em coragem e motivação aos antigos portugueses faltava agora, como naturalmente não poderia deixar de ser, já que não havia homens e equipamentos, uma vez que os financiadores da Coroa portuguesa, aos poucos, haviam se retirado para a Carreira do Brasil.

Um agravante era o fato de que a Coroa não havia realizado aplicações que possibilitassem lucratividade, investindo no luxo e na ostentação. Quando os investidores, sobretudo banqueiros italianos, fugiram para outras rotas, insistindo em manter o monopólio do Estado sobre a Carreira da Índia, os portugueses terminaram por assinar sua sentença de morte.

Enquanto os holandeses e ingleses, desde o inicio, procuraram deixar aberta a iniciativa privada a navegação e o corso, formando companhias particulares, os portugueses procuraram impedir os particulares de participar da exploração da Carreira da Índia, embora alguns tenham burlado esta proibição.

Os portugueses só constituíram corporações privadas de navegação, a exemplo do que haviam feito séculos antes os ingleses e holandeses, em pleno século XIX, com a fundação da Companhia União Mercantil, da Empresa Lusitana, da Empresa Insulana de Navegação, da Empresa Nacional de Navegação, e da Empresa da Mala Real Portuguesa; quando então seu grande Império Marítimo havia se reduzido a pouco mais que umas poucas colônias na África e Ásia.

Na falta de recursos para renovar sua envelhecida frota naval, no século XVII, tornou-se frequente, por parte da Coroa lusitana, fazer uso de embarcações semiapodrecidas e mal equipadas, tornando sua defesa quase impossível.

Os súditos do rei tentaram defender seu império como puderam, por vezes procuraram fazer uso de patachos, embarcações mais leves e rápidas que as naus, objetivando possibilitar a sua fuga em caso de ataque, em outras ocasiões providenciaram escolta as embarcações da Carreira da Índia, mas foi tudo em vão.

Não obstante aos esforços despendidos na defesa do Império, os portugueses tiveram seu poderio enfraquecido e suas colônias desmanteladas pela pirataria. É verdade que questões internas também foram responsáveis por grande número de naufrágios, tal como a falta de pilotos competentes e a má gestão dos negócios, porém, o assédio inglês e holandês foi o empurrão que faltava para o declínio da hegemonia marítima lusitana.

Na disputa pelo Império, os grandes vitoriosos foram os ingleses e holandeses, os portugueses saíram tão derrotados a ponto de os inimigos perderem o respeito por eles, afirmando que aquilo que os lusos faziam era apenas sustentar a necessidade de presas dos piratas para enriquecerem a si mesmos e ao Estado ao qual estavam vinculados.

## Considerações Finais

Enquanto foram levados ao fundo pelo menos 32 navios por piratas, sobretudo ingleses e holandeses, os portugueses conseguiram afundar apenas 5 embarcações inimigas, proporção que deixa claro o motivo que levou a Inglaterra e a Holanda a saírem vitoriosas na luta pela supremacia naval.

Giovanni Arrighi salientou que, o século XV e XVI foi marcado pela supremacia econômica genovesa, o XVII e o XVIII pela hegemonia holandesa, o XIX pela inglesa, e o XX pela norte americana (ARRIGHI, 1996).

No entanto, no que diz respeito à supremacia naval, podemos dizer que os mares foram dominados pelos portugueses durante o século XV e XVI, disputado entre os espanhóis e holandeses no século XVII e dominado pela Holanda no XVIII, assim como pelos ingleses no século XIX, tendo sido estes últimos substituídos pelos EUA no século XX.

Como observou Willem Bosnam, autor de uma descrição clássica da Guiné no fim do século XVII,

> o papel dos descobridores e conquistadores portugueses no mundo colonial foi o de lançarem cães para espantarem a caça que foi depois apanhada por outros (BOXER, 1969, p. 115).

Já na primeira guerra anglo-holandesa, que durou de 1652 a 1654, o que estava em jogo era a disputa pelos espólios deixados pelos portugueses na Ásia. Primeiro os holandeses foram os grandes beneficiados pelo caminho aberto pelos portugueses, depois os ingleses se apoderaram da maior parte do que havia pertencido antes ao Império Marítimo Português.

Assim, a face do mundo se alterou radicalmente graças à coragem do povo luso, que soube vencer obstáculos que pareciam simplesmente intransponíveis. Destarte, os portugueses não deram conta de manter um controle efetivo sobre o mundo que descortinaram, propiciando um acumulo de capital por nações rivais que iriam iniciar a Revolução Industrial, cunhando o sistema capitalista e o liberalismo.

# Referências

## Fontes

ALBUQUERQUE, Luís de (org. e compilação). *Relações da Carreira da Índia.* Lisboa: Alfa, 1989.

COSTA LOBO, A de S. *Memórias de um soldado da Índia.* Lisboa: Imprensa Nacional, 1987.

GASPAR, Manuel. *Libro Universal de derrotas alturas, longetudes, e conheçenças. De todas as navegaçois, destes reinos de Portugal e Castela, Indias Orientais e Ocidentais, o mais copioso e claro que pode ser, en serviço dos navegantes.* Manuscrito datado em 1594, Códice 1507 da Biblioteca Nacional de Lisboa.

TARRACHA FERREIRA, Maria Ema. (leitura, seleção, organização, e notas). *Literatura dos descobrimentos e da expansão portuguesa.* Lisboa: Editora Ulisseia, s.d.

## Obras

ALBUQUERQUE, Luís de (dir.); DOMINGUES, Francisco Contente (coordenação). *Dicionário de História dos Descobrimentos Portugueses.* Lisboa: Caminho, s.d.

ARRIGHI, Giovanni. *O Longo Século XX.* Tradução do inglês de Vera Ribeiro, São Paulo: Unesp, 1996.

BOXER, Charles Ralph. *O império marítimo português*. Lisboa: Edições 70, 1969.

BRAUDEL, Fernand. *O Mediterrâneo e o mundo Mediterrânico na época de Felipe II*. Lisboa: Martins Fontes, 1983.

DISNEY, Anthony R. *A decadência do império da pimenta: comércio português na Índia no início do século XVII*. Lisboa: Edições 70, 1981.

FERRO, Gaetano. *As navegações portuguesas no Índico*. Lisboa: Teorema, 1984.

MARQUES, Alfredo Pinheiro. *Guia de História dos descobrimentos e expansão portuguesa*. Lisboa: Biblioteca Nacional, 1988.

RAMOS, Fábio Pestana. "A superação de obstáculos puramente técnicos nas navegações portuguesas da Carreira da Índia" In: *Pós-História*. Assis: UNESP, v. 7, 1999, p. 135-156.

______. Os problemas enfrentados no cotidiano das navegações portuguesas da Carreira da Índia: fator de abandono gradual da rota das especiarias In: *Revista de História*. São Paulo: Publicação do Departamento de História da Universidade de São Paulo (USP), número 137, Segundo Semestre de 1997, p.75-94.

______. *Naufrágios e Obstáculos enfrentados pelas Armadas da Índia Portuguesa: 1497 e 1653*. São Paulo: Humanitas/USP, 2000.

______. *No tempo das especiarias*. São Paulo: Contexto, 2004.

______. *Por mares nunca dantes navegados*. São Paulo: Contexto, 2009.

______. *Eles Formaram o Brasil*. São Paulo: Contexto, 2010.

SANTOS, Maria Emília Madeira. "O problema da segurança das rotas e a concorrência Luso-Holandesa antes de 1620" In: *Revista da Universidade de Coimbra*. Coimbra: s.d.

SARAIVA, José Hermano. *História concisa de Portugal*. Lisboa: Publicações Europa-América, Décima Edição, 1995.

# DIFERENTES OLHARES DE ESQUERDA SOBRE A VENEZUELA

JOSÉ ALFONSO KLEIN*

* Graduado em Filosofia, Mestre em Administração e Doutor em Ciências Sociais pela PUC-SP. Membro do Conselho Editorial do Núcleo de Estudos de Ideologias e Lutas Sociais (NEILS) e do Núcleo de Estudos Latino-Americanos (NELAM).

**Resumo**

Este artigo tem como objetivo, polemizar os diferentes olhares sobre a Venezuela, em especial, da esquerda brasileira. As questões centrais escolhidas para provocar reflexões giram em torno do poder popular e do poder de Estado. Intrínseco a isso, a luta de classes, a correlação de forças nas organizações partidárias, sindicais, popular-revolucionárias e estudantis. O debate se constitui a partir de informações in loco, via internet, da mídia e de alguns textos a respeito do tema. Levanta-se questões que envolvem esse país no debate internacional, tais como: o golpe de Estado (2002); a estatização da RCTV (2007) e o referendo constitucional (2007).

**Palavras-Chaves**

Esquerda-brasileira, Venezuela, poder popular, poder de estado.

**Abstract**

This article debates on the different views of Venezuela, particularly that of the Brazilian left. The central themes chosen to stimulate reflection are the popular power and the power of the State. Intrinsic to this is the class war, and the correlation of forces in political party, union, popular-revolutionary and student organizations. The debate is based on in loco information, via the Internet, from the media and some texts on the theme. Current issues are raised involving this country in the international debate, such as; The coup d'etat (2002); the state control of RCTV (2007), the constitutional referendum (2007).

**Keywords**

Left in Brazil, Venezuela, popular power, state power.

> [...] os inícios de um novo mundo, sempre ásperos e pedregosos, são superiores à decadência de um mundo em agonia e aos cantos de cisne que ele produz.
>
> Antônio Gramsci

# Introdução

Este artigo se propõe polemizar os diferentes olhares de esquerda sobre a Venezuela, período entre 1998 e 2007, instigando-se o debate a respeito de uma questão central: é possível se afirmar que há um contrapoder fazendo eco na sociedade e no Estado burguês do país? A experiência em debate pode ser considerada de esquerda? O que é ser de esquerda? A origem da definição se dá no curso da revolução francesa (1789), quando por coincidência se sentaram ao lado esquerdo do plenário, os jacobinos (baixa burguesia) e que queriam uma revolução mais profunda, sem conciliação com a nobreza. Contra a posição dos gerondinos (alta burguesia) que sentaram ao lado direito do plenário e queriam uma conciliação com parte da nobreza. No dicionário Aurélio (1995), a definição de esquerda é: "Conjunto de indivíduos ou grupos políticos partidários de uma reforma ou revolução socialista [...]". Para se responder a questão posta, faz-se necessário estudar a *revolução bolivariana* como um processo em construção, em profundas contradições, de um conjunto de forças que se rebelam na sociedade venezuelana, de baixo para cima e de dentro para fora do Estado. Faz-se necessário avaliar se na institucionalidade burguesa está sendo construída "uma caixa de ressonância da vontade popular". Nesse sentido, algumas interrogações básicas exigem respostas, como por exemplo: qual é a estrutura das classes sociais e sua correlação de forças no país? Quais são as ações de governo que reforçam a luta da classe trabalhadora e que provocam a reação da burguesia? Existe uma aliança entre frações de classes (burguesia, classe média e proletariado) nos espaços de Estado, e quais são seus resultados? Quais são as forças reais que sustentam e quais são os inimigos da chamada revolução bolivariana no país e no mundo? Qual é a consciência, resistência e acumulação de forças da classe trabalhadora que apontam caminhos de construção do contrapoder e do socialismo? Respondendo a essas questões, chega-se mais próximo à precisão científica necessária e da percepção, se há mudanças estruturais em curso naquele país. Essas são algumas das questões a serem aprofundadas ao longo da minha tese de doutorado em ciências sociais pela PUC-SP, cujo tema é: *Classe e poder na revolução bolivariana da Venezuela*. Este artigo não pretende responder as questões acima, porém, quer aprofundar reflexões a partir das distintas contribuições da esquerda intelectual e militante, em particular da esquerda brasileira, entre outras opiniões internacionais.

## Um Olhar Pessoal In *Loco*

Em visita à Venezuela (2004 e 2006), tive a oportunidade de conhecer o Bairro 23 de Janeiro, em Caracas. Nesse bairro foi possível constatar a existência de 98 edifícios, conjuntos habitacionais populares, cercados por cerca de oitenta vilas de casas simples, somando cerca de 500 mil habitantes. Lá existiam 56 organizações popular-revolucionárias, que comandam espaços do governo. Os espaços institucionais, que nos governos anteriores serviam para reprimir lideranças políticas de esquerda, agora são a casa do "poder popular". A exemplo da *Casa del Poder Popular 23 Enero*, cujos coordenadores são eleitos na comunidade local, "administram" os recursos repassados pelos governos e os vários serviços: seguridade alimentar, registros de nascimento, registros de casamento, entre outros. A *Coordinadora Simon Bolívar*, uma espécie de associação de moradores, possui uma rádio comunitária, a *Radio Comunitaria Fredy Parra*, um dos instrumentos mais importantes para a mobilização do povo pobre para a luta; o *Coletivo Aléxis Vive*, constituído por militantes que se reivindicam de orientação marxista-leninista, entre outras dezenas de organizações, seguem caminhos semelhantes de organização, luta e conscientização da juventude. Os muros e paredes estampam em frases e grafites, o horizonte das organizações popular-revolucionárias, em busca do poder popular e do socialismo.

## O que pensam Alguns Intelectuais e Militantes de Esquerda a respeito do Assunto?

Alan Woods (2004), da Corrente Marxista Internacional (CMI) afirma que somente o proletariado, os camponeses, os pobres urbanos e demais classes exploradas podem construir a integração latino-americana, livre do imperialismo.[1] É preciso desapropriar os latifúndios, construir uma federação socialista da América Latina, diz o autor. Nesse sentido, Chávez defende o armamento dos trabalhadores: "Cada pescador, estudante, cada membro do povo, deve aprender a usar um fuzil," e continua, "porque é assim o conceito do povo armado

1. Construir resistência ou apontar caminhos de superação do imperialismo, segundo Almeida (2002, p. 154): "Para os que acham que 'um outro mundo é possível' e se dispõem a lutar por ele, interessa reforçar [...] atualizar os debates sobre o imperialismo e como melhor enfrentá-lo neste início de milênio. Este enfrentamento será enraizado nacionalmente. Em um tabuleiro cada vez mais planetário, deverá ser necessariamente internacionalista".

junto ás Forças Armadas Nacionais para defender a soberania do sagrado solo da Venezuela". O autor lembra que, logo após a retomada do governo por Chávez em 2002, os contrarrevolucionários prepararam a nova ofensiva pela organização do referendo de 2004 para derrubá-lo, felizmente foram derrotados. Ele acredita que o caminho dos contrarrevolucionários será a violência, combinando métodos legais e semilegais de ataques, preparando a luta armada. A estratégia da oposição é a sabotagem econômica, alteração da distribuição de alimentos e de atos subversivos. Os trabalhadores, camponeses e pobres venezuelanos, estão à esquerda, lutando para defender a revolução e levá-la até seus objetivos finais. Os contrarrevolucionários são os banqueiros, latifundiários e demais capitalistas, uma parte da classe média, financiados pelo imperialismo estadunidense e apoiados pelos paramilitares colombianos. A "revolução" ainda não se consolidou, todas as conquistas das massas com o governo Chávez, ainda podem ser estraçalhadas, e o movimento revolucionário pode ser derrotado. Durante a greve patronal (*lockout*), os contrarrevolucionários causaram um terrível dano à economia, as perdas totais ultrapassam os sete bilhões de dólares. A distribuição de alimentos, que é controlada por três ou quatro grandes monopólios, provocou altas artificiais de preços e os produtos básicos passaram a faltar nas prateleiras. Muitos trabalhadores da Venezuela já começaram a ocupar as fábricas abandonadas pelos patrões, a administrá-las e a controlar a produção, segundo os interesses da classe. Sindicatos estão sendo organizados que obrigam os patrões a pagar os salários e benefícios negados. Em contrapartida, diz Woods, os sindicalistas ligados a Central dos Trabalhadores Venezuelanos (CTV) estão cumprindo um papel de suboficiais do Capital. Corromperam-se e se degeneraram junto à burguesia contrarrevolucionária, por isso estão sendo expulsos do movimento operário. Os trabalhadores combativos e revolucionários construíram uma nova central, a União Nacional dos Trabalhadores (UNT), que quer organizar 80% dos trabalhadores venezuelanos. Por fim, Woods propõe que: "A terra, os bancos, as empresas de seguros e as grandes indústrias devem ser nacionalizadas [...]". João Pedro Stédile (2005), economista e um dos dirigentes do Movimento dos Trabalhadores Rurais Sem Terra (MST), afirma que a Venezuela é um país em transformação. Stédile avalia o passado da Venezuela (século XIX), das heroicas lutas pela independência lideradas por Simon Bolívar, Ezequiel Zamora e Abreu de Lima. Após à traição do projeto de independência de Bolívar, a burguesia deixou o país na total dependência norte-americana. O retrato socioeconômico da sociedade não poderia ter ficado diferente: 80% da população caíram na absoluta pobreza, enquanto 8% passou a viver na riqueza e na luxúria. O país passou a depender do exterior para comprar 88% de todos os gêneros alimentícios. Após á vitória e de oito anos de governo Chávez (1998-2005), mudou o sentido da política, diz Stédile: "o povo está se conscientizando e participando ativamente de todas as decisões do Estado e do governo [...]". Mudou também o sentido da economia, os bilhões de dólares do petróleo que antes eram usados para uma minoria rica viver de luxo, agora são utilizados para a universalização dos serviços públicos de saúde e educação. Para Stédile, na atualidade, cerca de 22 mil médicos cubanos estão trabalhando na periferia da Venezuela, tratando da saúde do povo pobre. O presidente determinou a desapropriação de todos os latifúndios, que ainda não se concretizou. Anunciou também, o fim do analfabetismo no país. Stédile conclui afirmando que, os defensores da revolução bolivariana colocam para si os seguintes desafios: construir um novo modelo econômico que rompa com a dependência do petróleo e do império financeiro; e no mesmo sentido, construir o caminho do socialismo. Gilberto Maringoni (2004), jornalista, militante do Partido Socialismo e Liberdade (PSOL) e autor do livro *A Venezuela que se inventa*, argumenta que a principal fonte econômica do país é o petróleo e também o segundo maior fornecedor desse produto para os EUA. Ao longo do tempo, consolidou-se uma dependência econômica bilateral entre esses dois países e os donos do petróleo se apropriaram do poder político do país. O governo Chávez está realizando várias reformas importantes, em particular, a reforma agrária e o controle estatal dos preços do petróleo. Tariq Ali (2005), em *Imperialismo e Resistência* ressalta que o povo garantiu a continuidade do governo Chávez por aclamação popular, ao ser deposto e preso por 48 horas, em 2002. Meio milhão de pessoas pobres, em rebelião, marchou até o Miraflores (Palácio do governo), exigindo a volta do presidente. Junto à rebelião das massas, uma rebelião do exército reforçou o clamor popular, apontando uma unidade cívico-militar na defesa da revolução bolivariana.[2] Eduardo Almeida Neto (2007), militante do Partido Socialista dos Trabalhadores Unificado (PSTU) manifesta sua posição crítica à experiência venezuelana com o tema: *Venezuela: um debate necessário sobre o 'socialismo do século XXI'*. Neto afirma que Chávez ocupa o maior espaço anti-imperialista da América Latina e muitos militantes de esquerda entendem que ele está fazendo o que o governo Lula deveria fazer. Segundo Neto, a "proposta de Chávez não tem nada a ver com o socialismo e o trotskismo. O que vemos é o início de uma nova frustração, ainda maior que as anteriores" ou ainda: "Trata-se de um na-

2. BORGES, A. (2005:7) apresenta os confrontos entre Chávez e a oposição: "As opiniões sobre essa experiência são antagônicas. Num extremo, os representantes do capital financeiro internacional acusam o governo de [...] 'populismo radical' e um 'nacionalismo tacanho' [...] Busch garante que esse processo é 'uma ameaça crescente aos interesses dos EUA' e um péssimo exemplo na América Latina; a mídia burguesa [...] amplifica as críticas ao 'ditador Chávez', apesar deste já ter enfrentado e vencido oito eleições em menos de seis anos".

cionalismo burguês, à semelhança de outros no passado do continente, como o de Velasco Alvarado (1968-1975) no Peru". Neto ressalta que no principal item da economia, no setor petroleiro, as multinacionais podem ser donas de até 49% das reservas e empresas. As nacionalizações das empresas telefônica (CANTV) e eletricidade (ELECAR) não mudam o fundamental, que deveria ser o controle da economia pelo Estado. Os programas sociais compensatórios (missões), financiados pela renda do petróleo não mudam a miséria. Dos 26 milhões de habitantes do país, aproximadamente 10 milhões estão na pobreza; 1,2 milhão de trabalhadores estão desempregados, a metade dos empregados estão na informalidade e as cooperativas impulsionadas pelo governo ajudam a flexibilizar os direitos trabalhistas. Neto conclui dizendo que o anti-imperialismo de Chávez, embora tendo se posicionado contra a invasão do Iraque e ter atacado a ALCA, não significa que é de fato anti-imperialista. O Trabalho (corrente trotskista do PT Brasil, 2002), em solidariedade ao processo da revolução bolivariana, lançou uma campanha com o chamado: "Tirem as mãos da Venezuela". A corrente afirma que: "A revolução venezuelana está sendo o epicentro de uma maré revolucionária que se espalha por toda América Latina". Altamiro Borges (2005), jornalista, militante do Partido Comunista do Brasil (PC do B) e autor do livro, *Venezuela: originalidade e ousadia,* é possível observar uma unidade do capitalismo financeiro, da mídia e dos EUA contra a experiência venezuelana, enquanto a maioria das correntes socialistas e democráticas se coloca em defesa do povo e do governo venezuelanos. Borges (2005) apresenta a fundamentação teórica do socialismo de Chávez, ele: "[...] fala num socialismo que mescle 'as idéias de Jesus Cristo, Simón Bolívar, Marx, Gramsci e Guevara', ao mesmo tempo em que desqualifica o marxismo-lenismo". O jornalista repercutiu uma série de frases de políticos e intelectuais a respeito da revolução bolivariana, por exemplo, do presidente Chávez: 'A Venezuela mudou para sempre e não há mais retorno ao passado'; do comunista português, Miguel Urbano Rodrigues: 'Ao longo de meio século acompanhei revoluções e contrarevoluções que marcaram os rumos da América Latina. Com exceção de Cuba, eu não recordo uma relação similar à existente hoje na Venezuela entre um governante e o povo que o apóia [...]'; de Atílio Bóron, membro do Conselho Latino-Americano de Ciências Sociais (Clacso): 'Há um processo de mudanças em marcha, cuja dinâmica adquiriu uma direção quase irreversível'; do sociólogo trotskista de Michael Löwy: 'o governo venezuelano é o que aparece de mais avançado hoje na América Latina em termos de reformas sociais, de resistência aos ditados do imperialismo, de soberania nacional e de luta contra as oligarquias'; Woods (2005), referindo-se à possibilidade de uma derrota de Chávez: 'seria uma vitória dos imperialistas e das forças da reação em todas as partes. Nessa guerra de classe se levantaram barricadas e é necessário dizer claramente e sem ambiguidades de que lado se está'. Segundo Gramsci (1989, p. 30):

> [...] os inícios de um novo mundo, sempre ásperos e pedregosos, são superiores à decadência de um mundo em agonia e aos cantos de cisne que ele produz.

Resta saber a profundidade da nova experiência venezuelana, para no presente e no futuro registrar-se a possibilidade de superação do velho sistema burguês.

# O Fechamento da RCTV e as Polêmicas na Esquerda

Edgard Rebouças (2007), jornalista e doutor em comunicação, afirma que em 1976, a RCTV ficou fora do ar durante três dias por divulgação de notícias falsas; em 1980 foi tirada do ar por 36 horas devido à programação sensacionalista; em 1981 ficou 24 horas fora do ar por exibir cenas pornográficas em horário inadequado; em 1989 ficou mais 24 horas suspensa por ferir a lei, veiculando publicidade de cigarro; e em 1991, um de seus programas humorísticos foi tirado do ar pela Corte Suprema porque ridicularizava pessoas. Acrescentam-se ainda, os processos na Justiça contra a RCTV por sonegação fiscal entre 1999 e 2003, e por veiculação dos discursos dos generais Nestor Gonzáles e Guaicaipuro Lameda, e do almirante Molina Tamayo, em defesa do golpe de 2002. Rebouças entende que os dois casos, enganar o fisco e incitar o povo a um golpe de Estado,“ são ações puníveis constitucionalmente em qualquer democracia do mundo; pior ainda se tratando de uma concessão pública como as emissoras de televisão”. Além disso, Chávez foi eleito e reeleito nas urnas e, a não renovação da concessão se deu somente em uma das emissoras do grupo 1 Broadcasting Caracas (1BC), a mesma mantém suas empresas de TV a cabo, rádio, fonográficas e internet. Por fim, lembra Rebousas, que as empresas de comunicação, no contexto histórico se colocavam na defesa da democracia nos séculos XVIII e XIX, tempos em que os jornais garantiam voz àqueles que eram contra os regimes totalitários. Porém, desde o final do século XIX, a imprensa privada não possui mais o papel de quarto poder e passou a ser empresa comercial como outra qualquer. Borges (2007) afirma que a concessão da RCTV foi cancelada à meia-noite do dia 27 de maio de 2007 e em menos de meia hora depois, iniciaram-se as atividades da nova emissora pública de televisão, a Televisão Venezuelana Social (TEVES). O autor relata ainda que, a RCTV foi inaugurada em 15 de novembro de 1953, pertence ao Grupo IBC e, condenada em 2004, pelo Juizado Superior de Tributos por sonegação de impostos no valor aproximado de um milhão de dólares. Denunciada pelo Instituto Venezuelano de Seguros Sociais por não pagar 224 milhões de *bolivares* aos seus funcionários. Borges traz também, contribuições da jornalista Elaine Tavares, a respeito da liberdade de imprensa na Venezuela, segundo a qual, o Presidente da República é constantemente desmoralizado pelos jornalistas. Se isso acontecesse nos EUA, por exemplo, Tavares acredita que os jornalistas seriam presos ou extraditados do país. Borges conclui que a RCTV, desde 1953 está ligada aos interesses dos EUA, um dos seus acionistas é a *Coral Pictures,* de Miami, e a sua programação é estrangeira em 67%. Maringoni foi à defesa de Chávez, dizendo: "o governo venezuelano pode ter muitos problemas". "Mas indubitavelmente está na linha de frente da luta antiimperialista no mundo, juntamente com os governos de Cuba e da Bolívia". "A luta deles é a nossa luta, a luta dos que se perfilam na esquerda brasileira e mundial." Nildo Ouriques (2007), professor da UFSC e presidente do Instituto de Estudos Latino-Americanos (IELA-UFSC) avalia que a decisão do presidente Chávez despertou um repentino interesse pela "liberdade de imprensa" e uma renovada crença referente "respeito à opinião pública" latino-americana. Segundo Ouriques, Chávez tomou essa decisão devido ao papel protagonista que a RCTV exerceu no golpe que derrubou o presidente em 2002, em aliança com a embaixada de Washington, os empresários locais, a alta cúpula da Igreja Católica, os meios de comunicação e a burocracia sindical. O professor acredita que a TEVES: "[...]provavelmente será administrada por um conselho de organizações populares, sindicais e ONGs que permitirão uma real democratização dos meios de comunicação no país".[3]

## Esquerda Dividida Frente ao Referendo de 2007: "Sim" ou "Não"?

O PSOL (2007, em sítio na internet), repercutiu avaliações de Chávez a respeito do referendo, apontando que o povo ainda não estava maduro para as mudanças previstas, em especial, para avançar a sociedade rumo ao socialismo. Segundo essa compreensão, boa parte do povo não entende o debate do socialismo ideológico se não tiver ligado à solução de vários problemas sociais pendentes, como a falta de habitação, insegurança nas ruas, entre outros. O partido afirma que o referendo foi realizado em clima de desabastecimento de produtos e de uma inflação alta, situação sobre a qual não houve medidas enérgicas do governo. No mesmo artigo, o PSOL traz também contribuições de Edgar J. Serrano, militante da esquerda venezuelana. Segundo relata o artigo, Serrano avalia que a derrota no referendo se deve à corrupção que ainda reina na burocracia estatal, à presença de aliados 'puxa-sacos no governo', ao alto índice de abstenção no processo eleitoral e à grande parte de pobres que se aliaram à oposição. Ivan Pinheiro (2007), secretário geral do Partido Comunista Brasileiro (PCB), analisa o processo político da Venezuela de forma positiva: a "Derrota no referendo pode abrir caminho para a revolução socialista", pois se trata de uma derrota pontu-

3. Rosa Luxemburgo (1999, p. 101) dá importância à democracia para a consciência de classe: "Se para a burguesia a democracia tornou-se supérflua ou mesmo incômoda, é [...] necessária e indispensável à classe operária [...] cria formas políticas [...] que servirão de pontos de apoio ao proletariado em seu trabalho de transformação da sociedade burguesa [...] no exercício de seus direitos [...] chegar à consciência de seus interesses de classe e suas tarefas históricas".

al para todos os revolucionários do mundo. Segundo ele, foi melhor perder de pouco do que ganhar de pouco, pois ganhar de pouco pode significar "ganhar e não levar". Pinheiro entende que se o 'sim' perdesse por uma pequena margem, o planejamento golpista daria sequência, provocando violência em todo país e forjando uma intervenção militar imperialista na Venezuela. Quanto ao processo democrático, Pinheiro defende que não conhece sociedade alguma com "liberdades democráticas tão asseguradas quanto na venezuelana dos dias atuais". Em sua conclusão, Pinheiro repercutiu uma frase do militante comunista, Jerónimo Carrera, membro do Partido Comunista da Venezuela (PCV): 'Não há revolução sem Chávez, mas não há revolução só com Chávez'. Eduardo Almeida Neto e José Maria de Almeida (2007), dirigentes do PSTU analisam o porquê da derrota de Chávez no referendo, segundo os quais houve muita confusão de posições na esquerda. A maioria da esquerda mundial e o próprio presidente Chávez defenderam o voto pela reforma, do 'Sim', como voto progressivo, socialista e o voto do 'Não' como reacionário e capitalista. Os dois dirigentes entendem que foi exatamente o contrário, o voto no 'Sim' era reacionário "[...] pois respaldava um projeto totalitário, embora estivesse camuflado de bandeiras vermelhas e alusões ao 'socialismo'". E o voto no 'Não' era progressivo porque: "[...] o verdadeiro objetivo das reformas era fortalecer o bonapartismo do governo", isto é, "o poder centralizado de Chávez. Não só para debilitar a oposição, mas, essencialmente, para enfrentar a insatisfação das massas". Os dois militantes do partido avaliam que os critérios estabelecidos no referendo de Chávez se parecem muito aos do monarca francês Luís XIV. Os dirigentes concluem dizendo que não havia perigo de golpe contra o governo na Venezuela, se isso fosse verdadeiro: "[...] não duvidaríamos nem um minuto em chamar a unidade de ação, inclusive com o governo, para enfrentar os golpistas, tal como o PSTU e a LIT-QI fizeram em 2002".[4] A Liga Estratégia Revolucionária - Quarta Internacional (LER-QI 2007), faz um chamado internacional aos trotskistas para iniciar uma campanha em comum frente ao governo de Chávez. Esse chamado se resume em três eixos: primeiro, contra "as falsas nacionalizações de Chávez", que indenizam a burguesia; segundo, a liga defende a "construção de um partido operário independente", que se opõe a todas as variantes do reformismo e do nacionalismo burguês; terceiro, a perspectiva de um governo: operário, camponês e do povo pobre, como único caminho "contra toda a enganação do 'socialismo do século XXI'". Segundo essa organização, Chávez apresenta um projeto "desenvolvimentista burguês moderado", inferior aos governos anteriores como Perón e Cárdenas e, finaliza dizendo que, Chávez tenta controlar os sindicatos, fechou a RCTV e quis fazer as reformas constitucionais para se manter no poder. A Secretaria de Relações Internacionais do Partido Comunista Marxista-Leninista (PCML-Brasil) divulgou nota (2007), reafirmando seu apoio à revolução bolivariana. O partido diz que o povo venezuelano, com a vitória do "Não", derrotou a política das reformas constitucionais de cunho socialista, por uma diferença de 1% a 2%. O resultado do referendum de dezembro de 2007 foi publicado pelo Conselho Nacional Eleitoral (CNE) e repercutido *in inverta* Segundo dados publicados, a votação se deu em dois blocos: no bloco "A", os artigos a serem mudados na Constituição e submetidos à consulta, 50,7% dos venezuelanos votaram "Não" e 49,3% votaram "Sim"; no bloco "B", 51% votaram "Não" e 49% "Sim", dos votos váli-

4. César Fonseca, no Jornal Brasil de Fato (2005) publicou um artigo com o tema: *A estratégia de guerra dos EUA*. O autor fala de uma "matéria-bomba" do *Washington Post* (03/11/05) de que o orçamento do Pentágono prevê para 2008-2013, sem valores divulgados, a deflagração de uma guerra contra a Venezuela. Anuncia-se dessa forma, o reinício das chamadas: "pequenas guerras" localizadas na América Latina sob o comando do *Tio Sam*.

dos. Cerca de 44% dos eleitores, no geral e, cerca de 3 milhões dos que votaram em 2006, não compareceram às urnas nesse referendo. Nas eleições presidenciais de dezembro de 2006, a abstenção foi de apenas 25,3%. Naquela eleição, o candidato Chávez obteve 7,3 milhões de votos e o candidato Rosales, da oposição, obteve 4,3 milhões. O "Não" do referendo de 2007 obteve cerca de 4,5 milhões de votos. Na visão do PCML, a reforma não foi rechaçada por definitivo, apenas não foi possível aprová-la no momento. Entre os 33 artigos, a proposta de reforma do governo instituiria, por exemplo: a redução da jornada de trabalho de 8 para 6 horas diárias (36 diurnas e 34 noturnas semanais); direitos trabalhistas para trabalhadores na informalidade, o desenvolvimento econômico e os "Conselhos Comunais" rumo à construção do Poder Popular. Borges (2007) reproduziu discurso de Chávez, na véspera do referendo: 'Todo aquele que exerça por conta própria qualquer atividade para o seu sustento e o de sua família terá direito ao fundo de estabilidade social, gozando de direitos como a aposentadoria e o benefício maternidade'. O referendo previa também, o fim da autonomia do Banco Central e "[...] formas mistas de propriedade (socialista, cooperativada e privada)". O jornalista Izaías Almada (2007) diz que a: "Constituição de Chávez traz discussões que vão além da reeleição". Ele defende que o socialismo do século XXI, proposto por Chávez é uma alternativa ao neoliberalismo, em esgotamento. Segundo Almada, o referendo de 2007 previa "a criação do quarto poder, o poder popular". Este poder popular seria constituído pelos conselhos, cujos membros seriam eleitos nos bairros e esse governaria o país junto aos outros três poderes: Legislativo, Executivo e Judiciário. Frente às tensões na Venezuela, nas passeatas e manifestações estudantis contra a proposta chavista, Almada diz que essas representam à luta de classes que muitos abafam e dizem não mais existir:

> Estes confrontos são os confrontos dos donos do capital e dos donos do trabalho, é o conflito da riqueza e da pobreza [...] existem estudantes pró-Chávez e estudantes contra Chávez, mas a mídia global, em geral, manipula imagens e não mostra esta dualidade [...]. A luta de classes existe e está cada vez mais violenta, devido ao processo de contradições deste sistema.

Finalmente, a complexidade da experiência venezuelana exige, entre outras leituras, as contribuições de Marx (1987, p. 73):

> [...] Enquanto a dominação da classe burguesa não se tivesse organizado integralmente, enquanto não tivesse adquirido sua expressão política pura, o antagonismo das outras classes não podia, igualmente, mostrar-se em sua forma pura, e onde aparecia não podia assumir o aspecto perigoso que converte contra o poder do Estado numa luta contra o capital [...]

Em outras palavras, para discutir-se a existência ou não de um contrapoder ou perspectivas socialistas, é preciso compreender a profundidade da crise política instaurada no país. Poulantzas (1977, p. 12) contribui para um entendimento teórico mais amplo deste ponto:

> A crise política consiste principalmente em modificações substanciais das relações de força da luta de classes, modificações que, elas mesmas, determinam de modo específico os elementos próprios da crise no seio dos aparelhos do Estado [...].

## Considerações Finais

Ao final deste artigo, *Diferentes olhares de esquerda sobre a Venezuela,* a polêmica entre as diferentes opiniões de esquerda intelectual e militante brasileiras foi aprofundada frente à instigante experiência venezuelana. Percebe-se que as opiniões refletidas deixam muitas interrogações e contradições em aberto, comprovando-se a necessidade de uma pesquisa científica mais profunda a respeito do assunto. Apresentam-se muitas divergências a favor ou contra às medidas do governo Chávez, porém, o que se fala da organização da classe trabalhadora, em seus sindicatos, partidos, organizações populares e estudantis é insuficiente para as compreensões necessárias da esquerda mundial. Portanto, falta uma pesquisa empírica e bibliográfica mais cautelosa e profunda para se afirmar qualquer verdade sobre o possível contrapoder e as perspectivas socialistas em curso na Venezuela, da mesma forma para se negar essas possibilidades. O que se evedencia, a priori, é que está se consolidando um caminho anti-imperialista antineoliberal na Venezuela, tanto pelo governo quanto pelas distintas forças sociais e políticas que se rebelam, no entanto, ainda é cedo para se afirmar que há um caminho anticapitalista, em curso. O que é possível afirmar, que está em curso, uma nova forma de organização dos trabalhadores nas fábricas, no campo, nos bairros e nos meios estudantis, qual é seu alcance de mudanças? Para tal resposta, é preciso pesquisar mais e aguardar os resultados do processo em construção.

# Referências

ALI, T.; BARSAMIAN, D. *Imperialismo & Resistência.* São Paulo: Expressão Popular, 2005.

ALMADA, I (2007). *Constituição de Chávez traz discussões que vão além da reeleição.* Disponível em: http://www.revistaforum.com.br. Acesso em: 16 fev. 2008.

ALMEIDA, L. F. R. (2002). *Lutas sociais na nova (des)ordem: o 11 de setembro. Lutas sociais*, 8. Disponível em: http://www.pucsp.br/neils/downloads/v8_lucio_almeida.pdf

ALMEIDA NETO, E. (2007). *Venezuela: um debate necessário sobre o 'socialismo do século XXI'.* Disponível em: http:// www.pt.org.br. Acesso em: 26 jan. 2008.

APORREA (2007). *Comunicación popular para lá construción del socialismo del siglo XXI.* Disponível em: http://www.aporrea.org/. Acesso em: 16 fev. 2008.

BORGES, A. (2005). *Venezuela: originalidade e ousadia.* São Paulo: Anita Garibaldi.

______. (2005). *Venezuela: uma revolução sem retorno?* Disponível em:

http://www.vermelho.org.br. Acesso em: 26 jan 2008.

______. (2007). *Venezuela caminha para o socialismo?* Disponível em: http://www.revistaforum.com.br. Acesso em: 16 fev. 2008.

CUENTA CORRIENTE (2002). *Tirem as mãos da Venezuela.* Disponível em: http://www.manosfueradevenezuela.org. Acesso em: 16 fev 2008.

FONSECA, C. (2005). *A estratégia de guerra dos EUA.* Disponível em: http://www.brasildefato.com.br. Acesso em: 16 fev. 2008.

FERREIRA, A. B. de H. *Dicionário básico da língua portuguesa* (outubro de 1994 a fevereiro de 1995). Rio de Janeiro: Nova Fronteira, 1995.

FUENTES, P. (2007). *O PSOL na Venezuela.* Disponível em: http://www.psol.org.br. Acesso em: 26 jan. 2008.

GRAMSCI, A. (1989). *Concepção dialética da história.* 8. ed. Rio de Janeiro: Civilização Brasileira.

KLEIN, J. A. (2003). O sentido da história: em busca do poder popular. Regionalidade: trajetórias teóricas. In *Caderno de Pesquisa.* Pós-Graduação IMES – São Caetano do Sul, 9.

______. (2005). Ofensivas militares do império e resistências populares na América Latina. Revista do *Professor*, 2, dez. 2005.

LIGA ESTRATÉGIA REVOLUCIONÁRIA. Quarta Internacional (2007). *Reiteramos nosso chamado de impulsionar em frente-única para desmascarar Chávez.* Disponível em: http://www.ler-qi.org. Acesso em: 26 já. 2008.

LUXEMBURGO, R. (1999). *Reforma ou revolução?* São Paulo: Expressão Popular.

MARINGONI, G. (2004). *A Venezuela que se inventa.* São Paulo: Perseu Abramo.

MARX, K. (1987). *O dezoito brumário de Louis Bonaparte.* São Paulo: Moraes.

OURIQUES, N. (2007). *Hugo Chávez: liberdade de imprensa.* Disponível em: http:www.mst.org. Acesso em: 25 fev. 2008.

PARTIDO COMUNISTA MARXISTA-LENINISTA (2007). *Pátria, socialismo ou morte, venceremos.* Disponível em: http://www.

inverta.inf/pcml. Acesso em: 16 fev. 2008.

PINHEIRO, I. (2007). *Derrota no referendo pode abrir caminho para a revolução socialista.* Disponível em: http:// www.pcb.org.br. Acesso em: 26 jan. 2008.

PETRAS, J. (2002). *Império e políticas revolucionárias na América Latina.* São Paulo: Xamã.

POULANTZAS, Nicos. *O estado em crise.* Rio de Janeiro: Graal, 1977.

REBOUÇAS, E. (2007). *Caso rctv faz lembrar que concessões não são vitalícias.* Disponível em: http://www.cartamaior.com.br. Acesso em: 16 fev. 2008.

STÉDILE, J. P. (2007). Venezuela: um país em transformação. *Caros amigos.* Disponível em: http://www.desempregozero.org.br. Acesso em: 26 fev. 2008.

WOODS, A. (2005). *Teses sobre a revolução.* Disponível em: http://www.marxist.com. Acesso em: 16 fev. 2008.

# COOPERAÇÃO DESCENTRALIZADA: O CASO DO PROGRAMA URB-AL

FABIANA RITA DESSOTTI*

THIAGO MATTIOLI**

* Doutoranda do Programa de Ciências Sociais da PUC/SP e professora do Centro Universitário Fundação Santo André e da Universidade Municipal de São Caetano do Sul (fabiana@fsa.br).

** Bacharel em Relações Internacionais pelo Centro Universitário Fundação Santo André, aluno de Pós-graduação lato sensu em Filosofia Contemporânea e História pela Universidade Metodista de São Paulo. Pesquisador do Núcleo de Estudos em Desenvolvimento Econômico Local – NEDEL do Centro Universitário Fundação Santo André (mhz.05@uol.com.br).

**Resumo**

O artigo apresenta as três fases do Programa URB-AL como referência em cooperação descentralizada. O seu objetivo é contribuir para a discussão sobre a relação bilateral entre a União Europeia e a América Latina e a cooperação descentralizada, desenvolvida no âmbito desta relação. São apresentadas algumas características da relação entre as regiões, que contextualizam a criação do Programa URB-AL. Na sequência, faz-se um levantamento das três fases do programa e dos documentos de avaliação da primeira e da segunda fases. O Programa URB-AL foi criado em 1995 e tem se desenvolvido numa perspectiva de contemplar uma relação entre as duas regiões na busca do desenvolvimento econômico e social. Considera-se que o Programa URB-AL é uma forma das cidades menores atuarem internacionalmente, adquirindo experiência em cooperação internacional, e uma forma de disseminar boas práticas de políticas públicas locais na busca da solução de problemas econômicos e sociais. O que demonstra as potencialidades da cooperação descentralizada.

**Palavras-Chaves**

Relações entre EU e AL; cooperação descentralizada; programa URB-AL.

**Abstract**

The article presents the three phases of the URB-AL Programme as a reference in decentralized cooperation. Its objective is to contribute to the bilateral relationship between the EU and Latin America and decentralized cooperation developed within this relationship. It presents some characteristics of the relationship between the regions, which contextualize the creation of the URB-AL Programme. Subsequently, a survey is made of the three phases of the program and the evaluation documents of the first and second phase. The URB-AL Programme was created in 1995 and has been developed with a view to contemplate a relationship between the two regions in search of economic and social development. It is considered that the URB-AL Programme is a form of the smaller towns to act internationally, gaining experience in international cooperation, and a way of disseminating good practice in local public policies in the pursuit of solving economic and social problems. What demonstrates the potentialities of decentralized cooperation.

**Keywords**

Relations between EU and AL; descentralized cooperation; URB-AL programme.

# Introdução

A cooperação descentralizada é uma prática de atuação das cidades relativamente recente e tem sido disseminada, principalmente, por pesquisadores interessados na discussão das possibilidades de inserção internacional das cidades. As iniciativas de cooperação descentralizada, especificamente entre cidades, se inserem na lógica da cooperação internacional para o desenvolvimento e ganhou uma interpretação mais elaborada a partir do Observatório de Cooperação Descentralizada de Barcelona, ligado aos programas da União Europeia.

O objetivo deste artigo é contribuir para esta discussão, trazendo um levantamento sintético das três fases do Programa URB-AL, uma vez que se entende que este programa é precursor na sistematização desta cooperação.

O artigo foi construído a partir da preocupação que os autores têm com o estudo sobre a atuação internacional das cidades[1] e da contribuição que tiveram no desenvolvimento de uma pesquisa sobre o tema[2]. Para tanto, os autores fizeram um levantamento da documentação dos encontros das regiões, que foram considerados as bases para criação do Programa, e dos documentos disponíveis no próprio endereço oficial do Programa.

O artigo está dividido em três partes. A primeira parte discute, resumidamente, os encontros promovidos no âmbito da relação bilateral entre a América Latina e a União Europeia. A segunda parte faz uma caracterização do Progra-

1. No âmbito do Nedel – Núcleo de Estudos de Desenvolvimento Local do Centro Universitário Fundação Santo André.

2. Relatório de pesquisa em referência.

ma URB-AL, apresentando, especificamente, os objetivos do programa e as redes temáticas criadas em cada fase. A terceira parte apresenta uma leitura, também sintética, dos documentos de avaliação desenvolvidos no próprio âmbito do Programa. Por fim, são apresentadas algumas considerações sobre a experiência de cooperação descentralizada que está sendo desenvolvida no âmbito do Programa URB-AL.

## Algumas Considerações sobre as Relações entre a União Europeia e América Latina

Discutir as relações entre a América Latina e a União Europeia, se feita de acordo com a historiografia oficial, demandaria um trabalho histórico e documental profundo, uma vez que as relações entre os dois continentes poderiam ser verificadas desde a colonização do continente latino-americano por potências navais europeias, em especial Espanha e Portugal, porém, o objetivo aqui é apresentar apenas alguns fatos considerados relevantes nesta relação bilateral, que antecederam a criação do Programa URB-AL.

Conforme relatório elaborado por Dessotti, Sousa e Mattioli (2008) podem ser destacados os seguintes marcos no diálogo entre as duas regiões: i) 1986: A criação do Grupo Rio; ii) 1990: O diálogo político entre UE e Grupo Rio; iii) 1999: Rio, I Cúpula de Chefes de Estado da UE e AL; iv) 2002: Madri, II Cúpula de Chefes da UE e AL; v) 2004: Guadalajara, III Cúpula de Chefes de Estado da UE e AL; vi) 2006: Viena, IV Cúpula[3] de Chefes de Estado da UE e AL. A Cúpula do Rio de Janeiro foi

3. Realizada nos dias 28 e 29 de junho de 1999 na cidade do Rio de Janeiro - Brasil

o resultado das relações bilaterais entre as regiões, baseadas em valores comuns herdados de uma história também comum, que tinha como objetivo fortalecer os laços econômicos, políticos e culturais, assim como desenvolver parcerias estratégicas[4]. Durante este encontro foi escrita a Declaração do Rio, documento com 69 pontos acordados, sendo que o 21º ponto expõe a ênfase no diálogo político, envolvendo a sociedade civil.

> 21. Ressaltar a importância da contribuição de novos atores, parceiros e recursos da sociedade civil com o objetivo de consolidar a democracia, o desenvolvimento social e econômico, bem como aprofundar o respeito aos direitos humanos. A cooperação internacional, envolvendo recursos públicos, requer um diálogo do qual participem os Governos e a sociedade civil. Os sócios na cooperação para o desenvolvimento acatarão as leis dos países envolvidos, bem como a transparência e a imputabilidade. Estimularemos o intercâmbio e a cooperação da sociedade civil entre a América Latina, o Caribe e a União Européia[5] (DECLARATION OF RIO, 1999).

Nota-se também a importância deste diálogo sobre a inserção de novos atores nos processos de cooperação em um documento anexo à Declaração, chamado de 'Prioridades de Ação', os artigos 6, 47 e 55 expressam esta importância.

> 6. Convidar atores da sociedade civil para participar da implementação de iniciativas conjuntas entre a América Latina e Caribe e a União Européia. Consideramos,

4. Esta abordagem pode ser encontrada no preâmbulo da Declaração do Rio de Janeiro – 1999. Disponível em: http://www.un.int/brazil/document/99-lac-eu-summit-rj.htm.
5. Tradução livre dos autores.

> por conseguinte, como positiva a cooperação entre o setor público e a sociedade civil e reconhecemos o papel relevante de programas descentralizados de cooperação. Concordamos em cooperar estreitamente e permutar conhecimentos e experiências no campo da reforma da seguridade social; [...] 47. Concordar também em continuar a proporcionar apoio adequado a instrumentos orientados para a comunidade, como o "Urbs América Latina" (URBAL); [...] 55. Para assegurar o uso mais eficiente dos recursos financeiros disponíveis e maximizar as complementaridades e sinergias existentes, acordar quanto à especial importância do princípio da subsidiariedade e à necessidade de fortalecer a cooperação em todos os lados[6] (PRIORITIES OF ACTION, 1999).

Dessa forma, percebe-se que a *cooperação descentralizada*[7] já figurava na pauta das discussões entre os líderes das duas regiões. A utilização da *cooperação descentralizada* e a inserção da sociedade civil nos processos de cooperação poderiam permitir uma maior flexibilidade nestas relações. Além disso, segundo a Comissão Europeia (s.d.), as duas regiões são aliadas naturais e possuem laços econômicos, culturais e políticos, sendo que as regiões "tem experimentado uma Parceria Estratégica desde a primeira cúpula bi-regional, do Rio de Janeiro (Brasil) em 1999"[8] (COMISSÃO EUROPEIA, s.d.).

6. Tradução livre dos autores.
7. A cooperação descentralizada é definida como um novo enfoque das relações de cooperação que busca estabelecer relações diretas com os órgãos de representação local e estimular suas próprias capacidades de projetar e levar a cabo iniciativas de desenvolvimento com a participação direta dos grupos de população interessados, levando em consideração seus interesses e seus pontos de vista sobre o desenvolvimento (COMISSÃO EUROPEIA apud ROMERO, 2004: p. 40). O tema cooperação descentralizada será tratado com mais detalhe no próximo item.
8. Tradução livre dos autores.

Em 2002, três anos após a primeira cúpula, foi realizada em Madrid a segunda cúpula entre a UE e a AL, em comparação à primeira cúpula, pouco foi realizado. Porém, dois pontos acordados no documento produzido durante a cúpula podem ser considerados como avanços.

> 20. Trabalhar conjuntamente para contribuir para o sucesso do Encontro Mundial de Desenvolvimento Sustentável que tomará lugar em Johanesburgo, em agosto de 2002. Nós esperamos uma atuação orientada que contará com comitês de desenvolvimento sustentável e parcerias entre governos, sociedade civil e setor privado, o que reafirma as decisões tomadas na Conferência do Rio em 1992 e a implementação da Agenda 21; [...] 29. Criar mais oportunidades entre as regiões para a educação, cultura e acesso ao conhecimento como chaves de sucesso para o Século 21. Encorajaremos o fortalecimento do Programa Alfa para cooperação internacional para a educação superior. São igualmente bem-vindos o Programa @lis para o desenvolvimento da Sociedade da Informação, assim como um programa similar para o Caribe, e o novo Programa de Bolsas da União Européia com a América Latina"[9] (POLITICAL DECLARATION, 2002).

Percebe-se que a declaração política oriunda da Cúpula de Madrid tem o intento de fortalecer as relações bilaterais entre a UE e a AL por meio de esforços conjuntos para obtenção do sucesso da Conferência de Johanesburgo e, em especial, com programas ligados à educação (ALFA, @LIS e ALBAN) [10].

Em 28 de maio de 2004, na cidade de Guadalajara, no México, foi realizada a terceira cúpula, onde, segundo KLEIMAN

9. Tradução livre dos autores.
10. Para maiores detalhes consultar Comissão Europeia: http://ec.europa.eu.

(2004), teve-se como objetivo avaliar os progressos obtidos desde a última cúpula, assim como propor planos de ações baseados, principalmente, em eixos políticos para impulsionar as relações entre as regiões e fortalecer a parceria estratégica. Entre os pontos existentes na Declaração de Guadalajara, é importante salientar:

> 87. Manifestamos nosso profundo interesse em seguir apoiando os programas e projetos de cooperação – como AL-Invest, @Lis; URB-AL, ALFA, AlBan – e também nossa vontade de reforçar o enfoque descentralizado em que se baseiam estes programas, a fim de aumentar sua futura cobertura, em termos de participantes e beneficiários, de ambas as regiões, em programas similares. [...] 100. Continuaremos a promover o diálogo e a consulta com a sociedade civil e o acesso oportuno dos cidadãos às informações, no contexto dos processos de parceria e associação bi-regional. [...] 101. Acolhemos com satisfação o relato do resultado das diversas reuniões celebradas nos últimos meses no âmbito bi-regional. [...] 102. Acolhemos com satisfação o diálogo regular entre os parlamentares, autoridades locais e regionais, comunidades empresariais, assim como a sociedade civil organizada, com o fim de fortalecer nossa Parceria Estratégica[11] (DECLARATION OF GUADALAJARA, 2004).

Os pontos acima deixam clara a intenção de continuidade dos programas de *cooperação descentralizada* em curso, como também um possível aumento na cobertura e nos beneficiários destes programas. Também se verifica a importância do diálogo com a sociedade civil, demonstrando a importância dada aos demais atores nos processos de cooperação entre as duas regiões.

11. Tradução livre dos autores.

A quarta cúpula ocorreu em Viena, na Áustria, em 2006 e, assim como suas predecessoras, reafirmava os resultados alcançados até então. Porém, a Declaração de Viena[12] tem um caráter mais amplo do que as declarações anteriores, pois trata de assuntos como direitos humanos, terrorismo, migrações e também discute o tema do meio ambiente, dando ênfase ao Protocolo de Kyoto.

A cúpula trata de assuntos ligados à economia e ao desenvolvimento, discute as políticas comerciais e a possibilidade de acordos de livre-comércio entre as duas regiões. Um ponto da Declaração que pode ser destacado é o ponto 37, no qual é apresentado o conceito de *coesão social.*

> 37. Sublinhamos que a coesão social, fundamento de sociedades mais inclusivas, continua a ser nosso objetivo comum e uma prioridade essencial da parceria estratégica bi-regional. A promoção da coesão social visa contribuir para a construção de sociedades mais inclusivas, dando a todos a oportunidade de usufruir dos direitos fundamentais e acesso ao emprego, de gozar dos benefícios do crescimento econômico com equidade e justiça social e de assim desempenhar plenamente o seu papel na sociedade. Continuaremos a atribuir à coesão social um elevado grau de prioridade nos nossos programas bi-regionais de cooperação e assistência, como o EurosociAL, e também continuar a promover o intercâmbio de experiências entre os nossos países e regiões[13] (DECLARATION OF VIENNA, 2006).

A citação demonstra uma das prioridades das relações promovidas por meio dos programas de cooperação europeus

12. Documento oficial elaborado durante a cúpula.
13. Tradução livre dos autores.

- *a coesão social.* Permite também o entendimento do termo, que é utilizado com frequência nas propostas, inclusive na terceira fase do programa URB-AL.

As cúpulas e os documentos acima mencionados demonstram claramente que as relações entre a AL e a UE têm se fortalecido ao longo do tempo. A cada nova cúpula o compromisso da "Parceria Estratégica" era reafirmado, definindo-se os pontos de interesse comum e permitindo a manutenção do diálogo entre as regiões. O Programa Urbs América Latina, ou Programa URB-AL é fruto deste relacionamento.

## O Programa URB-AL, Fases I, II e III: Características Principais

Criado em 1995 pela Comissão Europeia, o Programa URB-AL é um programa de *cooperação descentralizada* destinado às cidades da AL e UE, sendo um programa entre municipalidades, regiões e instâncias representativas de coletividades locais de ambas as regiões, podendo também participar associações de caráter geral ou pontual, agrupando instâncias municipais e regionais.

Em termos gerais, a Comissão Europeia é responsável pela coordenação do programa e os participantes implementam e desenvolvem os projetos. Como um programa descentralizado, apresenta as seguintes características:

> i) mobilização de um grupo de atores locais por meio de redes; ii) implementação por meio de atividades realizadas pelos próprios beneficiários; iii) convites a propostas, induzindo atividades realizadas pelos próprios atores; iv) princípio de co-financiamento das

> atividades por parte dos beneficiários[14] (DE GROOTE e CABALLEROS 2004, p. 6).

Em suas duas primeiras fases, o programa tinha como objetivo a troca de experiências e a execução de projetos dentro da temática proposta pelos atores envolvidos. As cidades se agrupavam em temas de acordo com suas necessidades e por meio de redes de trabalho buscavam reflexão sobre o tema e a aplicação dos planos criados. Os objetivos gerais do programa eram, segundo o documento inicial de apresentação do programa: i) apoio para a melhoria nas condições socioeconômicas e da qualidade de vida da população e ao desenvolvimento equitativo dos centros urbanos; ii) promoção e fortalecimento de intercâmbios de experiências, de cooperação e colaboração mútuas entre cidades, regiões e coletividades locais.

A I Fase do Programa URB-AL correspondeu ao período de 1996-2000, apresentando dois encontros bienais de prefeitos da AL e UE e oito redes temáticas. Estas redes temáticas reuniam as cidades em torno de um assunto de interesse comum, gerava programas e estratégias desenvolvidos por todos os participantes e eram coordenadas por determinadas cidades.

As cidades escolhidas como coordenadoras, tinham como tarefas obrigatórias: i) realizar um seminário de lançamento e duas reuniões anuais (o equivalente a uma para cada ano do exercício de coordenadoria, sendo três anos de coordenação); ii) difundir as informações sobre o tema e discutir as possibilidades de projetos a serem desenvolvidos em comum; iii) animar a participação das cidades membros da Rede Temática.

14. Tradução livre dos autores.

I Fase. Redes Temáticas e Cidades Coordenadoras

| **Redes Temáticas da Primeira Fase** | **Cidades Coordenadoras** |
|---|---|
| 1. Droga na Cidade | Santiago (Chile) |
| 2. Conservação dos Contextos Históricos Urbanos | Província de Vicenza (Itália) |
| 3. A Democracia na Cidade | Issy-les-Monlineaux (França) |
| 4. A Cidade como Promotora de Desenvolvimento | Madri (Espanha) |
| 5. Políticas Sociais Urbanas | Montevidéu (Uruguai) |
| 6. Meio Ambiente Urbano | Málaga (Espanha) |
| 7. Gestão e Controle da Urbanização | Rosário (Argentina) |
| 8. Controle da Mobilidade Urbana | Stuttgart (Alemanha) |

Fonte: Elaborada pelos autores a partir de informações disponíveis em: http://centrourbal.com/redes/redes.htm

Com o relativo sucesso da I Fase, a Comissão Europeia lança, em 29 de dezembro de 2000, a II Fase do Programa, compreendendo o período de 2001-2006. Na II Fase ampliam-se e diversificam-se as atividades, ampliando-se também os recursos destinados ao programa. Os objetivos gerais do programa são alterados, passando a ser:

> Desenvolver laços diretos e duradouros entre as coletividades locais europeias e latino-americanas pela difusão, aquisição e aplicação das melhores práticas no domínio das políticas urbanas[15] (PROGRAMME GUIDE – PHASE II, s.d., p. 3).

15. Tradução livre dos autores.

São alterados, também, os objetivos específicos, que passam a ser

> i) reforçar as capacidades de ação das coletividades locais no desenvolvimento social, econômico e cultural das zonas urbanas, incluindo por em marcha equipamentos coletivos; ii) desenvolver as capacidades estruturais das autoridades locais, nomeadamente pela formação de recursos humanos; iii) promover a parceria entre coletividades locais e representantes da sociedade civil; iv) desenvolver as capacidades de ação das pequenas e médias cidades (PMC), no âmbito da internacionalização das suas ações; v) promover as "boas práticas" de desenvolvimento local européias e latino-americanas, respeitando as especificidades locais[16] (PROGRAMME GUIDE – PHASE II, s.d., p. 3).

Foram previstas mais seis novas redes temáticas.

II Fase. Redes Temáticas e Cidades Coordenadoras

| **Redes Temáticas da Segunda Fase** | **Cidades Coordenadoras** |
|---|---|
| 9. Financiamento Local e Orçamento Participativo | Porto Alegre (Brasil) |
| 10. Luta contra a Pobreza Urbana | São Paulo (Brasil) |
| 11. Habitação na cidade | Não houve candidata à coord. |
| 12. Promoção das Mulheres nas Instâncias das Decisões Locais | Diputación de Barcelona (Espanha) |
| 13. Cidades e Sociedade da Informação | Bremen (Alemanha) |
| 14. Segurança Cidadã na Cidade | Valparaíso (Chile) |

Fonte: Elaborada pelos autores a partir de informações disponíveis em: http://centrourbal.com/redes/redes.htm

16. Tradução livre dos autores.

A dinâmica de seleção dos projetos e de execução das atividades envolvia três atores chaves:

> i) a rede, que patrocina, organiza e supervisiona os temas que posteriormente se formulam os projetos da rede; ii) os coordenadores de projetos que assumem a relação direta com os sócios participantes na iniciativa; e iii) os sócios participantes nos projetos que se comprometem ao desenvolvimento de atividades e responsabilidades concretas dentro de uma ação comum, com o resto dos sócios e/ou participantes[17] (INFORME SINTESE DA II FASE, 2006, p. 30).

A tabela a seguir apresenta as principais mudanças da II Fase em relação à I Fase do programa.

Tabela 1. Comparação entre as duas primeiras fases do Programa URB-AL

| | **I Fase** | **II Fase** |
|---|---|---|
| **Orçamento** | 14.000.000 euros | 50.000.000 euros |
| **Redes temáticas** | - 8 redes temáticas;<br>- Cofinanciamento comunitário máximo de 70% dos custos com teto de 350.000 euros por redes;<br>- Mínimo de 50 membros – máximo de 150 membros;<br>- Duração: 3 anos. | - 6 novas redes temáticas;<br>- Cofinanciamento comunitário de 70% dos custos com teto de 500.000 euros por rede;<br>- Máximo de 200 membros;<br>- Duração: 3 anos. |

17. Tradução livre dos autores.

| | | |
|---|---|---|
| **Projetos Comuns** | - Único tipo de projeto comum para troca de experiências e disseminação de boas práticas;<br>- Mínimo de 5 membros (2 UE e 3 AL) – máximo de 25 membros (10 UE e 15 AL);<br>- Preferência por diversidades geográfica;<br>- Duração: máximo de 3 anos;<br>- Cofinanciamento máximo de 50% dos custos com teto de 100.000 euros por projeto comum. | - Mínimo de 5 membros (2 UE e 3AL) – máximo de 15;<br>- Ao menos 4 países diferentes (2 UE e 2 AL);<br>- Duração: máximo 2 anos;<br>- Cofinanciamento comunitário de no máximo 70% dos custos torais;<br>**Projetos do tipo A**<br>- Correspondem, *mutatis mutandi*, aos projetos comuns da I Fase;<br>- Máximo de 250.000 euros como co-financiamento comunitário;<br>**Projeto do tipo B**<br>- Focalizam materializar trocas de experiências, obtidas em saídas tangíveis (amenidades públicas, pôr serviços públicos à disposição, projetos piloto etc.)<br>- Máximo de 800.000 euros como cofinanciamento comunitário. |

Fonte: Programme Guide – Phase II, s.d., p. 11. Adaptação e tradução livre dos autores.

Em 2006, os vínculos contratuais dos projetos foram encerrados pela Comissão Europeia, porém muitas cidades decidiram continuar suas atividades com recursos próprios ou outras fontes de financiamento.

Em março de 2008, foi apresentada a chamada de propostas para a III Fase do Programa, esta nova fase do programa corresponderá ao período de 2009-2012[18]. Segundo o documento publicado na chamada de propostas e que contém as indicações necessárias para os proponentes, os objetivos gerais desta fase envolvem: aumentar o grau de coesão social e territorial, no que se refere às coletividades locais e regionais da América Latina, tendo como objetivo específico:

> Consolidar ou promover, apoiando as parcerias e o intercâmbio de experiências um número limitado de cidades e territórios da América Latina, os processos e políticas de coesão social que poderiam transformar-se em modelos de referência, capazes de gerar debates e de indicar possíveis soluções aos governos subnacionais da América Latina, que desejam promover dinâmicas de coesão social (URB-AL III, p. 5).

Baseando-se neste objetivo, a Comissão estabelece as prioridades e critérios que devem ser seguidos pelos projetos apresentados, atenta-se para o fato de que: i) as parcerias e intercâmbios de experiências entre governos subnacionais da América Latina e União Europeia desempenham um importante papel na difusão e reforço de políticas de coesão social; ii) existem na América Latina, em nível local, experiências e processos interessantes que geram coesão social e que poderiam ser modelos de referência; iii) os projetos de geração de coesão social têm um caráter integral que traduz uma visão global de cidade ou território em que se quer viver.

18. Informação disponível em: http://www.urb-al3.eu/index.php/contenido/urb_al_iii_2009_2012_ nuevos_retos?id_submenu_principal=36. Inicialmente, o programa corresponderia ao período de 2008-2011.

No que tange ao financiamento do programa, são destinados 50 milhões de euros para a III Fase, a serem distribuídos em dois lotes distintos, o primeiro lote de 44 milhões de euros "financiará propostas de Ações (projetos) que preenchem as condições de elegibilidade". O segundo lote possui como verba destinada máxima 6 milhões de euros e " financiará uma proposta para as atividades de coordenação, apoio técnico, formação, animação de redes" e" a divulgação de resultados que contribuem à construção do programa a partir das diferentes Ações do Lote 1" (URB-AL III, p. 6).

A principal mudança que ocorre nesta III Fase é o foco em projetos, ao invés do foco em redes, observado nas duas primeiras fases. O resultado da chamada, publicado em 12 de março de 2008, apresenta os projetos que fazem parte desta nova fase:

III Fase: Projetos selecionados e cidades coordenadoras

| Projeto | Coordenação |
|---|---|
| Reabilitação sócio-urbana e articulação de políticas para a integração social em áreas centrais degradadas | Intendência Municipal de Montevidéu (Uruguai) |
| Fomento à coesão social e integração regional territorial de municípios transfronteiriços do trifínio centro-americano | Mancomunidade Trinacional Fronteriza Río Lempa (El Salvador, Guatemala, Honduras) |
| Gestão integral de terras | Municipalidade de Puerto Cortés (Honduras) |
| Convivência cidadã em equidade | Municipio de Santa Tecla (El Salvador) |
| Redução, reciclagem, recuperação e conscientização ambiental | Comunidade de Arezzo (Itália) |
| Políticas de bem-estar social integradas | Região Emilia-Romagna (Itália) |

| | |
|---|---|
| Aglomerados urbanos em áreas protegidas | Município de Borba (Portugal) |
| Fortalecimento das cadeias produtivas | Região Veneto (Itália) |
| Intermunicipalidade | Governo do Estado de Michoacán de Ocampo (México) |
| Desenvolvimento urbano integrado | Municipalidade de Stuttgart (Alemanha) |
| Capacitação e emprego feminino | Região Siciliana (Itália) |
| Turismo sustentável | Província de Frosinone (Itália) |
| Estratégias de desenvolvimento local | Ajuntamento de Irún (Espanha) |
| Políticas locais de prevenção a violência | Estado de Pernambuco (Brasil) |
| Reurbanização de espaço comum limítrofe | Município de Ponta Porã (Brasil) |
| MELGODEPRO: Governança local para o desenvolvimento produtivo | Ajuntamento de Alcorcón (Espanha) |
| Empreendedorismo social e eco gestão de resíduos urbanos | Mancomunidade de Municipios del Área Metropolitana de Barcelona (Espanha) |
| Desenvolvimento local e emigração | Ajuntamento de L'Hospitalet de Llobregat (Espanha) |
| Gestão urbana e territorial participativa | Região Toscana (Itália) |
| Inovação Institucional | Província de Santa Fé (Argentina) |
| OCO – Oficina de coordenação e orientação | Disputação de Barcelona (Espanha) |

Fonte: Elaborada pelos autores a partir de informações disponíveis em: http://www.urb-al3.eu/index.php/contenido/oficina_de_coordinacion_y_orientacion?id_menu_principal=5.

# Avaliação das I e II Fases do Programa URB-AL

Um relatório de avaliação das duas primeiras fases do programa, efetuado dentro da própria proposta do programa[19] permite algumas considerações.

O programa foi implantado em um momento em que as cidades demandavam programas de colaboração na área da problemática urbana e coincidiu com as prioridades comunitárias do período.

Na I Fase participaram aproximadamente 131 sócios e na II Fase aproximadamente 180 sócios, destacando-se nas duas fases a participação de Universidades, Centros de Pesquisas e Organizações Não-Governamentais.

Durante a I Fase, verifica-se a concentração de atividades em poucos países e cidades. No caso da Europa as atividades se concentraram na Espanha (28%), Itália (22%) e Portugal (10%). Já na América Latina, as atividades concentraram-se na Argentina (17%), Chile (16%), Colômbia (14%) e Brasil (12%) (DE GROOTE e CABALLEROS, 2004).

A participação das cidades latino-americanas concentrou-se, principalmente, tanto na I quanto na II Fase, em países do Mercosul, em menor medida no Chile e Peru. Já a participação europeia concentrou-se na Espanha e na Itália, esses países concentraram, aproximadamente, 80% dos recursos do programa na II Fase.

Das 8 redes temáticas desenvolvidas na I Fase, somente 3 foram coordenadas por cidades latino-americanas e 5 por ci-

19. Para maiores informações verificar: De Groote e Caballeros, 2004

dades europeias e das cinco redes temáticas desenvolvidas na II Fase, 3 foram coordenadas por cidades latino-americanas e 2 por cidades europeias. As cidades concentraram sua participação em temas de seu interesse.

Na I Fase foram desenvolvidos 79 projetos comuns e na II Fase foram desenvolvidos 80 projetos, sendo 21 projetos do Tipo B e 59 do Tipo A. A participação geográfica nos projetos comuns na I Fase foi similar a participação nas redes, 63% dos projetos comuns realizados foram coordenados por sócios europeus e 37% por latino-americanos.

Na II Fase, as cidades europeias coordenaram 14 projetos do Tipo B (66%) e 31 projetos do Tipo A (55%), já as cidades latino-americanas coordenaram 7 projetos do Tipo B (34%) e 28 projetos do Tipo A (28%). Espanha e Itália concentraram 90% dos projetos, 54% somente na Espanha. Brasil, Argentina e Chile concentraram 60% dos projetos do Tipo A, 30,43% somente no Brasil.

As redes temáticas viabilizaram uma cooperação duradoura entre os participantes e os projetos comuns se transformaram em ações concretas, principalmente no que se refere à geração de novos regulamentos e marcos legais e em alguns casos em melhorias institucionais.

As entrevistas e pesquisas quantitativas, desenvolvidas com os participantes, permitem o conhecimento do que eles pensam em relação ao programa e seus objetivos.

> Entre os resultados planejados mais relevantes, considera-se a grande quantidade de ações das autoridades locais, respondendo às conclusões das reuniões das Redes ou aos resultados dos projetos. [...] 46,4% afirmaram que "modificaram a orientação das políticas", 67,9% que "desenharam novas políticas", 92,9% que

"tomaram novas ações" e 44,4% que "geraram novos serviços municipais locais"[20] (GROOTE e CABALLEROS, 2004, p. 41).

A avaliação dos impactos da II Fase foi feita a partir dos impactos que as redes temáticas e os projetos comuns tiveram sobre as coletividades locais latino-americanas e as coletividades locais europeias.

Quanto aos impactos nas coletividades latino-americanas destacaram-se: i) a possibilidade de algumas coletividades atuarem na cooperação internacional; ii) a ampliação dos recursos financeiros e de metodologias para intervenção no desenvolvimento local; iii) a criação de lideranças temáticas com especialização em cooperação horizontal e descentralizada.

No que diz respeito às coletividades europeias, os impactos não estavam tão claramente definidos. Apesar disso, observou-se que o programa representa uma alternativa importante de influência na comunidade local e na sociedade civil da América Latina. Os participantes europeus têm como objetivo central construir um processo de conhecimento das comunidades locais latino-americanas, em seus aspectos econômicos, políticos, culturais e sociais.

Observou-se que o Programa URB-AL apresenta um valor adicionado distinto em relação aos programas de cooperação bilateral, porque permite o compartilhamento de projetos entre os sócios e o seu desenvolvimento se dá a partir da mobilização dos próprios sócios. O Programa URB-AL criou um ambiente de discussão entre regiões distantes e distintas e um impacto positivo da imagem europeia na América Latina, em termos de cooperação descentralizada.

20. Tradução livre dos autores.

# Considerações Finais

O Programa URB-AL representa uma oportunidade para as cidades se inserirem internacionalmente e desenvolverem novos mecanismos na busca de desenvolvimento local.

Os temas tratados nas primeira e segunda fase, reforçados na fase atual, demonstram as preocupações regionais com o desenvolvimento econômico e de como a cooperação internacional e a participação das localidades têm um papel relevante no cumprimento deste objetivo.

A cooperação descentralizada se reforça, isto pode ser observado pelos quinze anos do Programa URB-AL e pelas diversas redes internacionais de cidades que surgiram com o objetivo de estimular a cooperação entre as cidades, o que sugere um novo perfil na cooperação internacional, ou seja, a cooperação horizontal ao invés da cooperação vertical.

Apesar das limitações apresentadas pela própria natureza deste modelo, o processo de aprendizado alcançado no período de desenvolvimento do Programa URB-AL permite algumas considerações: i) as cidades menores teriam condições de participar da cooperação internacional, mesmo em situações em que a área de relações internacionais não esteja institucionalizada na estrutura municipal. É preciso ressaltar que estas cidades teriam uma participação mais passiva, dificilmente teriam condições de coordenar projetos, mas poderiam aproveitar os efeitos sinérgicos da cooperação; ii) as cidades maiores e com uma área de relações internacionais mais consolidada podem se tornar referência em temas de interesse das localidades e de políticas públicas exitosas; iii) tanto para cidades menores quanto para cidades maiores, a cooperação permite o acesso a recursos financeiros e as boas práticas em políticas públicas; iv) a experiência adquirida durante o desenvolvimento dos projetos comuns permite que as cidades se tornem mais ativas na cooperação descentralizada.

A discussão não se encerra aqui, a cooperação descentralizada e a discussão sobre o desenvolvimento local são temas novos, que merecem cada vez mais atenção dos pesquisadores. Novos estudos são necessários para a avaliação do Programa URB-AL, contribuindo para a consolidação de alguns conhecimentos sobre a cooperação descentralizada e sobre as políticas públicas de desenvolvimento local.

# Referências

CONSULTORES INTERNACIONAIS S.A. *Informe de Sínteses. Evaluación Intermédia del Programa URB-AL FASE II* (2001-2005), 2006, 102 p.

DESSOTTI, Fabiana R., SOUSA, Pamella M. A. e MATTIOLI, Thiago. Programa URB-AL: Programa URBS América Latina: objetivos, origem e resultados iniciais. In: *Relatório Científico Projeto*: Gestão Pública e Inserção Internacional das Cidades. São Paulo: CEDEC, PUC e UNESP, 2008.

DESSOTTI, Fabiana R. Cooperação Descentralizada: Uma Inovação nas Políticas Públicas de Desenvolvimento Local. In: *5º Congrès de l'Institut Franco-Brésilien d'Administration dês Entreprises - IFBAE*, 18 e 19 de maio 2009 – IAE de Grenoble – France.

GROOTE, Bruno e CABALLEROS, Rômulo. *Misión de Evaluación Final de la Fase I del Programa URB-AL - Informe de Evaluación.* Bruzelas: Relatório Interno, 2004.

KLEIMAN, Alberto. *As cidades e a cooperação descentralizada no contexto das relações União Européia - América Latina: o novo papel internacional dos governos locais.* Dissertação de Mestrado apresentada ao Programa de Pós-Graduação em Integração da América Latina – PROLAM, 2004.

ROMERO, Maria Del Huerto. *Una Aproximación Contextual y Conceptual a la Cooperación Descentralizada.* Observatorio de Cooperación Descentralizada. Valparaíso: Ilustre Municipalidad de Valparaíso y Diputación de Barcelona, 2004.

**Sites**

COMISSÃO EUROPÉIA. Convite a apresentação de propostas para o programa URB-AL (Segunda fase). In: *Jornal oficial das Comunidades Européias.* Disponível em: http://eur-lex.europa.eu/LexUriServ/LexUriServ.do?uri=OJ:C:2002:012:0010:0011:PT:PDF. Acesso em: 14 jun. 2010.

______. *Declaration of Guadalajara* – 2004. Disponível em: http://ec.europa.eu/external_relations/lac/guadalajara/decl_polit_final_en.pdf. Acesso em: 11 jun. 2010.

______. *Declaration of Vienna* – 2006. Disponível em: http://ec.europa.eu/europeaid/where/latin-america/regional-cooperation/eurosocial/documents/declaration_vienna_en.pdf. Acesso em: 11 jun. 2010.

______. *European Union (EU) and Latin America.* Disponível em: http://ec.europa.eu/external_relations/la/index_en.htm. Acesso em: 05/05/2010.

______. *Regional Cooperation.* Disponível em: http://ec.europa.eu/ europeaid/where/latin-america/regional-cooperation/index_en.htm. Acesso em: 11 jun. 2010.

______. *URB-AL - Programme Guide - Phase II.* Disponível em: http://ec.europa.eu/europeaid/where/latin-america/regional-cooperation/urbal/documents/programme/guide_mep_en.pdf. Acesso em: 14 jun. 2010.

______ *URB-AL III - Orientações Destinadas aos Requerentes de Subvenções.* Disponível em http://ec.europa.eu/europeaid/where/latin-america/regional-cooperation/urbal/documents/programme/guidelines_pt.pdf. Acesso em: 17 jun. 2010.

CDPU (CENTRO DE DOCUMENTACIÓN DEL PROGRAMA URB-AL). Redes del Programa URB-AL. Disponível em: http://centrourbal.com/redes/redes.htm. Acesso em: 14 jun. 2010

MINISTÉRIO DAS RELAÇÕES EXTERIORES. *Grupo do Rio*. Disponível em: http://www.mre.gov.br/cdbrasil//itamaraty/web/port/relext/mre/orgreg/gruporio/index.htm. Acesso em: 05 mar. 2010.

MINISTÉRIO DAS RELAÇÕES EXTERIORES. MISSÃO PERMANENTE DO BRASIL JUNTO ÀS NAÇÕES UNIDAS. *Declaration of Rio de Janeiro - 1999*. Disponível em: http://www.un.int/brazil/document/99-lac-eu-summit-rj.htm. Acesso em: 10 jun. 2010.

______. *Priorities for Action - 1999*. Disponível em: http://www.un.int/brazil/document/99-lac-eu-priorities.htm. Acesso em: 10 jun. 2010

OCO (Oficina de Cordinación y Orientación). *Proyectos*. Disponível em: http://www.urb-al3.eu/index.php/contenido/oficina_de_coordinacion_y_orientacion? id_menu_principal=5. Acesso em: 17 jun. 2010.

PRESIDENCIA ESPAÑOLA UE. *POLITICAL DECLARATION - THE MADRID COMMITMENT - 2002*. Disponível em: http://www.eu2010.es/export/sites/ presidencia/comun/descargas/Cumbre_UEALC/2_Decl_Mdrd_ING.pdf. Acesso em: 10 jun. 2010.

# O RESSURGIMENTO DAS TENSÕES ENTRE BRASIL E PARAGUAI APÓS O TRATADO DE ITAPU

DÉBORA NESTERUK*

* Bacharel em Relações Internacionais pelo Centro Universitário Fundação Santo André.

**Resumo**

A Usina Hidrelétrica de Itaipu, desde o início de seu projeto, provocou desentendimentos diplomáticos entre Brasil e Paraguai. Após intensas negociações entre os dois, as discordâncias foram superadas com o Tratado de Itaipu (1973). Contudo, temas divergentes relativos à Usina voltaram à agenda de ambos os países, especialmente depois da eleição do Presidente paraguaio Fernando Lugo, em 2008. Portanto, o objetivo deste artigo é analisar as discussões atuais em torno de Itaipu.

**Papalavras-Chaves**

Brasil; Paraguai; Negociações; Tratado de Itaipu.

**Abstract**

The Itaipu Hydroletric Plant, since the project's beginning, has caused diplomatic dissention between Paraguay and Brazil. After intense negotiations, disagreements have been overcome through the Itaipu Treaty (1973). However, different topics relating to plant returned to the agenda of both countries, especially after the election of Paraguayan President Fernando Lugo in 2008. Thus, the aim of this paper is to analyse current discussions around Itaipu.

**Keywords**

Brazil, Paraguay, Negotiations, Treaty of Itaipu.

# Introdução

A Bacia do Prata - localizada entre Argentina, Bolívia, Brasil, Paraguai e Uruguai - historicamente, foi cenário de enérgicas disputas devido sua grande importância para a supremacia regional. Neste contexto, a Usina Hidrelétrica de Itaipu (construída na região de Sete Quedas), desde a criação de seu projeto na década de 60, suscitou grandiosos problemas para o Brasil, a Argentina e o Paraguai. E, recentemente, voltou a ser tema de discussão entre a diplomacia brasileira e a paraguaia sobre a revisão dos termos do Tratado de Itaipu.

Quando o Brasil anunciou seus planos de construir uma usina hidrelétrica em Sete Quedas, situada perto da fronteira com o Paraguai, este reivindicou também ter direitos sobre o local. De 1966 até 1967 os governos, por intermédio de suas respectivas diplomacias, negociaram até que entraram em acordo: decidiram por construir uma usina binacional. A partir de então, a desavença brasileira foi com a Argentina, que era veementemente contra o projeto, ocasionando em grandes tensões entre os dois países, que por muito pouco não terminou em guerra. Somente em 1969, com a assinatura do Tratado da Bacia do Prata, a situação de embate foi amenizada (no entanto, apenas em 1979 com o Acordo Tripartite, é que a questão foi totalmente superada).

A criação da Entidade Itaipu Binacional em 1974 viabilizou a construção da usina e estabeleceu as regulamentações para o seu funcionamento. A entidade foi prenunciada no Tratado de Itaipu selado no ano anterior, que também determinou os preços a serem praticados. Desde então, a relação entre Brasil e Paraguai foi amena e não tiveram maiores discussões sobre o assunto, até que em 2008, com a candidatura e consequente eleição de Fernando Lugo à presidência paraguaia, os governos voltaram à mesa de negociações.

As atuais desavenças foram iniciadas por parte do Paraguai, que quis revisar o tratado a fim de aumentar os preços de venda do excedente energético paraguaio ao Brasil, previstos no mesmo, ou até mesmo poder vender energia a outros países. O Brasil não aceitou rever as cláusulas do Tratado, mas tentou outras medidas, como liberação de empréstimos e financiamentos ao governo do Paraguai para melhoramento das redes de transmissão de energia. No entanto, a diplomacia paraguaia mostrou-se decidida a não abrir mão de suas exigências, uma vez que tinha o apoio do povo paraguaio, levando novamente o Brasil a ceder no que se refere a negociações com seu vizinho.[1]

Neste contexto, com a utilização do método histórico e dedutivo[2], o objetivo deste artigo é analisar as discussões atuais em torno de Itaipu. Para tanto, o tema está dividido em três partes: contextualização das relações entre Brasil e Paraguai antes do Tratado de Itaipu; as implicações do Tratado para ambos os países; e por fim, as relações bilaterais no período de 2008 e 2009 com a eleição de Fernando Lugo no Paraguai.

## A relação entre Brasil e Paraguai anterior ao Tratado de Itaipu (1966 – 1973)

Na América Latina, o Brasil e a Argentina se destacam como potências, tanto por sua dimensão territorial quanto por sua força política. Em toda a história é possível notar os

1. LUGO quer renegociar tratado de Itaipu; Lula nega revisar o preço. *Folha online*. São Paulo, 22 de abril 2008. Disponível em: http://www1.folha.uol.com.br/folha/mundo/ult94u394336.shtml. Acesso em 17 mar. 2010.

2. MARCONI, Marina de Andrade; LAKATOS, Eva Maria. *Metodologia Científica*. 4ed. São Paulo: Atlas, 2004.

diversos conflitos e disputas de ambos em busca da supremacia regional. Essa premissa pode ser justificada pelas teorias realistas das relações internacionais, que tratam o Estado como ator importante na sociedade internacional:

> Os Estados, que são a unidade básica da política internacional, são governados pelos seus próprios interesses, ou seja, aquilo que lhes trará os maiores benefícios aos menores custos, e esses interesses são sempre definidos em termos de poder. Isso quer dizer que os interesses não são condicionados a julgamentos morais e sim a condição existencial do Estado, à avaliação racional dos ganhos e perdas no campo da política externa. (SAFARI, 2005, p. 92).

Nesse conceito, o Estado é um ator universal independente, que tem também como função proteger seus cidadãos e território da ameaça externa, ou seja, garantir segurança. (SEINTENFUS, 2004). As relações entre os Estados sempre almejam a garantia dos interesses nacionais, e para isso utilizam todos os recursos à disposição. Por isso, é possível afirmar que "a regra geral diz que as potências são hostis quando vizinhas territorialmente" (WIGHT, 2002, p. 155).

Ainda sobre Estados, Wight disserta sobre outro conceito, que pode ser aludido ao caso do Paraguai entre as duas referidas potências:

> Um estado-tampão é uma potência fraca entre duas ou mais potências fortes, mantendo ou mesmo criado com a finalidade de reduzir os conflitos entre elas. [...] às vezes é definida como um 'vácuo de poder' [grifo do autor] (WIGHT, 2002, p. 158).

O Brasil, na década de 60, precisava de sustentabilidade energética para crescer econômica e politicamente, a fim de determinar sua força e poder na região, sendo que o 'calcanhar de Aquiles' do país era justamente a deficiência no setor energético. A demanda por petróleo no Brasil era muito grande e a oferta muito inferior a metade disso, sendo assim, fazia-se imprescindível a captação de recursos e alternativas para sustentar tal crescimento. A ideia de exploração do potencial hidrelétrico surgiu daí, e estudos apontaram a região de Sete Quedas como o local mais apropriado (CAUBET, 1991).

Essa região era justamente uma área de instabilidade política com o Paraguai, devido a uma antiga discussão sobre delimitação de fronteiras entre os dois países, cujo Tratado Bilateral de Fronteiras, firmado em 1872, não incluía detalhadamente a divisão do local. Em meados de 1962, a divulgação da intenção do Brasil em construir uma usina hidrelétrica naquela extensão desencadeou uma série de discussões com o governo paraguaio sobre quem de fato seria o proprietário da localidade.

Não interessava ao Brasil 'desgastar-se' diplomaticamente com o Paraguai, uma vez que a Argentina era seu concorrente direto no *Balanço* ou *equilíbrio de Poder regional* – conceito realista trazido por Morgenthau (2003) – e, por isso, a temática demandava maior atenção política e diplomática. No caso específico de Brasil e Argentina é possível afirmar que ambos os padrões se faziam presentes, sendo que qualquer vantagem para um dos dois poderia ser crucial para o enfraquecimento do outro.

O Paraguai, contudo, tornou-se ator fundamental para uma preponderância política entre os dois, pois se o Brasil tivesse muitos problemas com o seu vizinho menor se enfraqueceria perante a Argentina. Além disso, a construção da usina, tão necessária para o seu crescimento econômico, seria inviabilizada e também transpareceria aos demais países uma imagem de país imperialista.

> Existem [...] exemplos de potências que abandonam a soberania sobre possessões, por motivos onde o cálculo de interesse pode estar misturado a considerações a respeito de justiça. (WIGHT, 2002, p. 151).

Foi utilizando fatos sensíveis à diplomacia brasileira, que o governo paraguaio liderado por Alfredo Stroessner (1954-1989), conseguiu selar um acordo com o seu maior vizinho que beneficiasse significativamente aos interesses de seu país. Um deles foi a Guerra do Paraguai (1864-1870), que por muitos anos alimentou certo ódio por parte paraguaia e representou uma marca negativa para o Brasil. De certa forma isso também foi considerado pela diplomacia brasileira nas negociações, uma vez que as "feridas" da guerra ainda eram profundas em ambos os lados (PEREIRA, 1974).

Havia ainda uma situação política instável na Argentina, por conta da derrota de Perón para os militares, o que poderia trazer problemas para o Brasil em relação à navegabilidade. Por isso, fazia-se necessário ampliar as comunicações por terra entre o Porto de Paranaguá e a Base Militar de Assunção, no caso de uma interdição na Bacia do Prata. Isso levou o Presidente brasileiro Juscelino Kubitschek (1956-1961) e o chanceler Horácio Lafer (1959-1961) diversas vezes ao Paraguai para negociarem temas comuns, como o "aproveitamento da energia hidrelétrica dos saltos dos rios Acaraí e Mundaí, na zona fronteiriça com o Brasil" (PEREIRA, 1974, p. 46). A partir daí, a cooperação bilateral entre Brasil e Paraguai ganhou força:

> À medida que a participação do Paraguai na 'utilização dos recursos energéticos e outros mais a explorar' [grifo do autor] era coisa certa, só restava definir as modalidades jurídicas da cooperação bilateral, como também a solução técnica que traria o maior proveito energético. (CAUBET, 1991, p. 48).

A maior proximidade entre os dois consequentemente pôs fim às questões pendentes sobre Sete Quedas, que foram resolvidas com a assinatura do Tratado de Itaipu, mesmo sob críticas da oposição ao governo e à diplomacia brasileira em relação à construção de uma usina binacional. Pois havia quem defendesse a criação de uma usina totalmente brasileira, tanto no que se referia ao desvio do curso do rio ou até mesmo de um posicionamento mais incisivo quanto à possessão da região de Sete Quedas – o acordo foi selado determinando as condições e regulamentando o funcionamento da mesma.

## O Tratado de Itaipu (1973) e suas Implicações

Para que o Tratado de Itaipu fosse assinado, primeiramente foi necessário superar algumas diferenças com a Argentina, que se opunha ao projeto da usina binacional de Brasil e Paraguai, com a defesa do argumento de *Consulta Prévia*[3] A Argentina acreditava que também deveria ser consultada sobre ações referentes à Bacia do Rio da Prata, e por isso tentou aprovar na Conferência de Estocolmo de 1972 uma regulamentação internacional sobre o uso de rios internacionais (YAHN FILHO, 2005).

3. Tese apresentada pela Argentina, que defendia a consulta a todos os países da Bacia do Prata sobre quaisquer projetos para a área. (MENEZES, 1987).

O governo argentino se preocupava com o potencial crescimento da economia brasileira, essencialmente com os benefícios políticos e econômicos que a usina renderia ao seu maior vizinho, o que poderia levar a uma hegemonia regional. O país levantou uma série de questionamentos técnicos e políticos sobre o projeto, afirmando que poderia ter parte de seu país alagado caso houvesse algum problema nas obras em Itaipu. Como não obtiveram êxito na Conferência de Estocolmo, o assunto foi levado à Assembleia Geral das Nações Unidas no mesmo ano. Nesse encontro as diplomacias tentaram chegar a um consenso, com rodadas de negociações intensas, mas que só foi firmado após uma reunião privada entre os dois chanceleres, abrindo o caminho para a efetiva existência da usina.

No dia 26 de abril de 1973, em Brasília, foi assinado o Tratado bilateral entre Brasil e Paraguai incluindo todos os termos jurídicos de funcionamento da Usina Hidrelétrica de Itaipu. O Tratado deu obrigações e direitos iguais aos dois países no que se referia à participação de capital, recursos de produção, rendimentos e energia produzida.

> A energia produzida pelo aproveitamento hidrelétrico [...] será dividida em partes iguais entre os dois países, sendo reconhecido a cada um deles o direito de aquisição, na forma estabelecida no Artigo XIV, da energia que não seja utilizada pelo outro país para seu próprio consumo.[4] (BRASIL; PARAGUAI, 1973).

Contudo, antes da assinatura do Tratado, um assunto gerou ainda controvérsia: o preço do quilowatt. Como o Paraguai não possuía o capital necessário para seu investimento na usina, o Brasil tomou empréstimos internacionais para

4. Cf. Artigo XIII – Tratado de Itaipu.

financiar ambas as partes, e para o pagamento da parte paraguaia, ficou acordado que pagaria com a energia excedente de sua parte da produção. Sendo assim, o Brasil ficou com o direito de exclusividade de compra da energia, a preços mais baixos.

A inclusão de uma cláusula no tratado por parte do Paraguai interessava muito a Argentina, pois previa alterações nas obras caso houvesse exigências técnicas, especialmente sobre redução da cota do coroamento da barragem. Com tal iniciativa, a Argentina mantinha suas esperanças de poder impedir a construção da usina em sua capacidade máxima, uma vez que já tinha dado indícios de não querer levar adiante o Acordo de Cooperação firmado em Nova York, na ocasião da Assembleia Geral das Nações Unidas de 1972.

Apesar de todos os argumentos contrários, a construção da usina foi iniciada em 1975, após a criação da Entidade Itaipu Binacional em 1974 – que tinha como objetivo coordenar as obras no trecho do Rio Paraná comum aos dois países. No momento de sua construção empregou centenas de brasileiros e paraguaios e foi muito importante para o desenvolvimento local, além de possibilitar o crescimento econômico brasileiro com o fornecimento de energia elétrica, e mais de 90% da energia consumida pelo Paraguai.

Nos anos seguintes, Brasil e Paraguai não tiveram problemas relevantes em relação ao assunto, e em 1979 firmaram um acordo com a Argentina – que foi chamado de Acordo Tripartite. Antes de firmarem o acordo, o Brasil defendeu a adição de mais duas turbinas (totalizando em vinte), o que desagradou a Argentina, mas acabou por concordar com apenas dezoito naquele momento. Após várias reuniões de cunho técnico, os três firmaram o acordo que garantia a navegabilidade do Rio Paraná à jusante; estipulava a quantidade de turbinas de Itaipu; estabelecia a altura da Usina de Corpus (binacional entre Paraguai e Argentina) que era um projeto previsto também para a Bacia do Rio da Prata; além de trocas de informações hidrológicas entre os três países.

A Usina Hidrelétrica de Itaipu levou 33 anos (desde sua construção) até atingir seu funcionamento pleno, que ocorreu em 2007. Durante esse período as relações políticas e diplomáticas entre o Brasil e o Paraguai foram tênues e de cooperação mútua.

## Relações Bilaterais (Brasil-Paraguai) Contemporâneas (2008-2009)

A eleição do ex-bispo católico e esquerdista Fernando Lugo à presidência paraguaia em 2008 foi um marco histórico para o país, pois foi eleito com grande maioria de votos e colocou fim a 61 anos de liderança do Partido Colorado[5]. Nascido em 1951, e oriundo de família humilde que sofreu perseguição política durante a ditadura de Alfredo Stroessner (1954-1989), abandonou suas responsabilidades como bispo da Igreja Católica para se engajar na carreira política. Durante toda a Campanha eleitoral, baseou sua plataforma política na veiculação de reformas sociais, combate à corrupção e na revisão do acordo firmado com o Brasil sobre a Usina Hidrelétrica de Itaipu.

Sua intenção era conseguir aumentar o valor de repasse da energia ao Brasil por meio da revisão do Tratado de Itaipu, além de ter o direito de vender seu excedente energético a outros países, por exemplo, a Argentina. Contudo,

5. Partido político tradicional no Paraguai com tendência conservadora e nacionalista.

> o Tratado de Itaipu é um tratado internacional em forma plena, cujo cumprimento é tutelado pelo Direito Internacional. Ausente a concordância do Brasil, sua revisão não poderá ocorrer antes do prazo estipulado de 50 anos[6].

Em diversas ocasiões as autoridades brasileiras refutaram as argumentações paraguaias, mas no entanto, foi o questionamento sobre a legitimidade do tratado e ameaça de recorrer a uma arbitragem internacional feita por um membro da equipe de Lugo, que causou grande polêmica entre a diplomacia brasileira. Apenas após a troca do negociador, o engenheiro Ricardo Canese, pelo diretor-geral da Itaipu Binacional, Carlos Mateo Balmelli, foi que as propostas puderam ser feitas e analisadas por ambas as partes.[7]

É importante ressaltar que o Brasil contraiu dívidas pelos dois países para a construção da usina, estas que serão liquidadas apenas em 2023. Até o pagamento do empréstimo internacional fica vetada a revisão do tratado, conforme previsto pelo mesmo, e acordado entre as partes. Além disso, o próprio Presidente do Brasil, Luiz Inácio Lula da Silva, defendeu que o tratado seria mantido sem revisões.[8]

O Brasil, que sempre demonstrou apoio político e solidariedade a Fernando Lugo, tanto por se tratar de uma personagem marcante na história paraguaia quanto por sua proposta política de mudança para o país, ofereceu um Pacote

6. REVISÃO de Itaipu dita o tom das relações Brasil Paraguai. *ICTSD*. N. 9. 13 de maio 2008. Disponível em: http://ictsd.org/i/news/pontesquinzenal/11170/. Acesso em: 03 mar. 2010.

7. LANDIM, R.; MARIN, D. C. *Brasil cede ao Paraguai em acordo de Itaipu*. Disponível em: http://www.mre.gov.br/portugues/noticiario/nacional/selecao_detalhe3.asp?ID_RESENHA=599990. Acesso em: 03 mar. 2010

8. REVISÃO de Itaipu dita o tom das relações Brasil Paraguai. *ICTSD*. N. 9. 13 de maio 2008. Disponível em: http://ictsd.org/i/news/pontesquinzenal/11170/. Acesso em: 03 mar. 2010.

de Investimentos com o objetivo de ajudar o Paraguai a se desenvolver e a alcançar soberania energética. O pacote consiste na "criação de um fundo binacional e a abertura de uma linha de US$ 1,5 bilhão no Banco Nacional de Desenvolvimento Econômico e Social (BNDES)".[9] Além disso,

> O Brasil vai permitir que o Paraguai venda livremente sua cota de energia de Itaipu no mercado brasileiro, acabando com a obrigação de operar apenas com a Eletrobrás. Mas a mudança seria feita de forma gradual e estaria completa em 2023, quando o tratado entre os dois países será renegociado. (LANDIM; MARIN, 2009).

A oferta brasileira gerou consideráveis críticas ao chanceler brasileiro por não ter sido mais firme perante a diplomacia paraguaia em defesa dos interesses econômicos brasileiros. No entanto, a resposta do chanceler ressaltou que os interesses brasileiros devem ser considerados no longo prazo e vistos de forma ampla. Ele ainda defendeu "[...] que a criação de conflitos internos nos países vizinhos é nociva ao Brasil, além de gerar empecilhos aos projetos de integração regional, globalmente benéficos ao país"[10].

Nesta mesma linha, em outra declaração, Amorim voltou a defender uma parceira estratégica entre o Brasil e o Paraguai:

> A relação com o Paraguai é especialmente estratégica. Bastaria citar duas coisas [...]: Itaipu, nosso

9. LANDIM, R.; MARIN, D. C. *Brasil cede ao Paraguai em acordo de Itaipu.* Disponível em: http://www.mre.gov.br/portugues/noticiario/nacional/selecao_detalhe3.asp?ID_RESENHA=599990. Acesso em 03 mar. 2010.
10. LANDIM, R.; MARIN, D. C. *Brasil cede ao Paraguai em acordo de Itaipu.* Disponível em: http://www.mre.gov.br/portugues/noticiario/nacional/selecao_detalhe3.asp?ID_RESENHA=599990. Acesso em: 03 mar. 2010.

> projeto comum (vem de outra era, mas está aí), que responde por 25% da eletricidade consumida no Brasil; e os 400 mil brasileiros no Paraguai – a segunda comunidade de brasileiros fora do Brasil. Isso, somente, serviria para demonstrar que a relação entre Brasil e Paraguai tem que ser estratégica.[11] (AMORIM, 2006, p. 52) .

Por fim, o Paraguai afirmou que o pacote oferecido pelo governo brasileiro atendeu a maioria de suas necessidades e reivindicações, com excessão do reajuste do preço do quilowatt (que ficou de ser revisado após 2023) – o que foi considerado uma vitória diplomática do governo de Fernando Lugo. Em relação ao Brasil, mesmo com as duras críticas advindas até da diretoria da Itaipu Binacional, conseguiu contornar a situação sem maiores desconfortos com o Paraguai, uma vez que o país precisa do pleno funcionamento de Itaipu e da energia de direito paraguaio para suprir as demandas internas.

## Considerações Finais

Denota-se que o Paraguai, apesar de ser um país pequeno e com aparente pouca força política no contexto internacional, desde muito tempo, tem se apresentado como importante coadjuvante nos grandes acontecimentos regionais. Segundo as teorias realistas das relações internacionais, poderia ser classificado como um estado-tampão oportunista por situar-se ao lado de Brasil e Argentina – grandes potências e historicamente rivais – e assim sempre poder barganhar com

11. Palavras iniciais do Ministro Celso Amorim em conferência de imprensa conjunta com o Ministro das Relações Exteriores do Paraguai, Embaixador Rúben Ramirez. Assunção, 23 de novembro de 2006.

ambos para fazer valer seus interesses e até mesmo garantir sua existência.

Os ganhos diplomáticos obtidos na década de 1960 e posteriormente em 2009 nas questões de Itaipu demonstram que sua "parceria" é de fato importante para o Brasil e Argentina, já que o mesmo foi fator decisivo para um "desequilíbrio" de poder em benefício do Brasil. Contudo, não seria justo tirar os méritos da diplomacia paraguaia, que muito bem aproveitou as oportunidades de reivindicações e consequentes vitórias perante seus vizinhos.

Em relação ao Brasil fica a dúvida se o país foi pouco incisivo e ineficiente na defesa dos interesses brasileiros ou, se realmente cedeu visando ganhos no campo político e outros benefícios concernentes a integração regional, como defendido pelo Ministro das Relações Exteriores brasileiro. A resposta definitiva possivelmente só será obtida com o passar do tempo, provavelmente quando o Paraguai voltar a reivindicar, fazendo-se necessárias novas negociações.

# Referências

BRASIL. *Ministério das Rel. Ext. Secretaria de Planej. Diplomático. Repertório de política externa: posições do Brasil.* [s.n.]. Brasília: Fundação Alexandre de Gusmão, 2007.

BRASIL; PARAGUAI. *Tratado de Itaipu.* Disponível em: http://www.itaipu.gov.br/files/file/tratadoitaipu.doc. Acesso em: 25 mar. 2010.

CAUBET, C. G. *As Grandes Manobras de Itaipu. Energia, Diplomacia e Direito na Bacia do Prata.* [s.n.]. São Paulo: Acadêmica, 1991.

LANDIM, R.; MARIN, D. C. *Brasil cede ao Paraguai em acordo de Itaipu.* Disponível em: http://www.mre.gov.br/portugues/noticiario/nacional/selecao_detalhe3.asp?ID_RESENHA=599990. Acesso em: 03 mar. 2010.

LUGO quer renegociar tratado de Itaipu; Lula nega revisar o preço. *Folha online.* São Paulo, 22 de abril 2008. Disponível em: http://www1.folha.uol.com.br/folha/mundo/ult94u394336.shtml. Acesso em: 17 mar. 2010.

MORGENTHAU, H. *A Política entre as nações: a luta pelo poder e pela paz.* [s.n.]. Brasília. Ed. UnB/ Ipri, 2003.

MARQUES, P. *Brasil cede ao Paraguai em acordo de Itaipu.* Disponível em: http://jornalismoeconomia.blogspot.com/2009/07/brasil-cede-ao-paraguai-em-acordo-de.html. Acesso em: 03 mar. 2010.

MARCONI, Marina de Andrade; LAKATOS, Eva Maria. *Metodologia Científica.* 4. ed. São Paulo: Atlas, 2004.

NESTERUK, D. *As Tensões entre Brasil e Argentina em torno do aproveitamento hidrelétrico na Bacia do Rio da Prata: O caso de Itaipu – Corpus (1966–1979).* 2008. Monografia (Bacharelado em

Relações Internacionais) - Centro Universitário Fundação Santo André, São Paulo, 2008.

PEREIRA, O. D. Itaipu - *Prós e Contras.* [s.n.]. Rio de Janeiro: Editora Paz e Terra, 1974.

REVISÃO de Itaipu dita o tom das relações Brasil Paraguai. ICTSD. N° 9. 13 de maio 2008. Disponível em: http://ictsd.org/i/news/pontesquinzenal/11170/. Acesso em: 03 mar. 2010.

SAFARI, G. *Teoria das relações internacionais.* [s.n.]. São Paulo: Saraiva, 2005.

SEINTENFUS, R. *Relações Internacionais.* [s.n.]. Barueri, São Paulo: Manole, 2004.

WIGHT, M. *A política do poder.* [s.n.]. Brasília: Editora UnB, 2002.

WURMEISTER, F. *Pressão será a mesma, diz diretor paraguaio de Itaipu.* Disponível em: http://www.gazetadopovo.com.br/economia/conteudo.phtml?tl=1&id=977969&tit=Pressao-se-ra-a-mesma-diz-diretor-paraguaio-de-Itaipu. Acesso em 17 mar. 2010.

YAHN FILHO, A. G. *Conflito e cooperação na Bacia do Prata em relação aos cursos d'água internacionais.* 2005. 147 f. Dissertação de Mestrado (Mestrado em Relações Internacionais) - Programa San Tiago Dantas UNESP - UNICAMP - PUC/SP, São Paulo, 2005.

# ATUAÇÃO DO PRESIDENTE DA REPÚBLICA EM POLÍTICA EXTERNA NO BRASIL: AVALIANDO AS GESTÕES DE FERNANDO HENRIQUE CARDOSO E LULA

ARIANE RODER FIGUEIRA*

*Doutora e Mestre em Ciência Política pela Universidade de São Paulo – USP. Graduada em Ciências Sociais pela UNESP. Professora e pesquisadora na área de Relações Internacionais da Universidade Anhembi Morumbi e da Fundação Armando Álvares Penteado – FAAP.

**Resumo**

O objetivo do artigo é compreender o papel desempenhado pelo Presidente da República em assuntos de política externa, observando a frequência da diplomacia extraofício, que envolve uma atuação mais assertiva, indo além das funções regimentais e formais do cargo. As variáveis de análise são: 1) número de visitas ou encontros bilaterais, a) realizadas, b) recebidas; 2) participação em reuniões multilaterais; 3) discursos proferidos na área de política externa e política internacional; 4) iniciativas. São avaliadas empiricamente as gestões de Fernando Henrique Cardoso e o primeiro mandato do governo Lula. Busca-se identificar se houve uma continuidade do ativismo presidencial em assuntos internacionais mesmo após a mudança do Chefe de Estado e das preferências político-partidárias no poder.

**Palavras-Chaves**

Diplomacia presidencial, política externa brasileira, democracia e atores políticos

**Abstract**

The objective of this article is to comprehend the role by the Republic President hás played in foreign policy subject, extra-official of the diplomacy by observing frequency, that involve more assertive performance, going beyond from the rule of prodedures and formal of the function. The variables analysis are: 1) visits number or bilateral meeting, a) realized; b) received; 2) multilateral participation in the meetings; 3) speeches has made international policy and foreign policy area; 4) initiatives. Fernando Henrique Cardoso´s administrations and Lula´s first term of governmente empirically will be evaluated. It seeks to identify if there was a presidential continuity in international subject even before transition (change) of the Head of State and the party – political preferences to power.

**Keywords**

Presidential diplomacy, brasilien foreign policy, democracy and actors politics.

# Introdução

Na divisão Constitucional de competências entre os poderes Legislativo e Executivo na área de política externa, o Chefe de Estado ocupa um papel central no planejamento, na execução e na tomada de decisões acerca das ações do país em âmbito internacional, sendo essa preponderância preservada desde o Império até a recente Constituição Republicana e Democrática do Brasil de 1988. Mas assim também como previsto no próprio marco regulador constitucional, o Ministro de Estado responsável pela pasta de relações exteriores é o substituto imediato do Presidente da República na execução da política externa do país, o que significa que mediante ao consentimento presidencial, o mesmo poderá auxiliar o Presidente da República na "formulação da política exterior do Brasil, assegurar sua execução e manter relações com Estados estrangeiros, organismos e organizações internacionais".

No Brasil poucos foram os mandatos presidenciais em que o Chefe de Estado participou assertivamente sobre assuntos de política externa, delegando na maioria das vezes suas responsabilidades ao Ministro de Relações Exteriores, que em alguns momentos representou a própria figura do país internacionalmente, com destaque para o personagem histórico de Barão de Rio Branco, Ministro de 1902 a 1912.

Dentro dessa concepção de delegação frequente de responsabilidades ao Ministro de Estado, Danese (1999), em sua análise sobre o assunto, destaca que para avaliar a atuação presidencial em política externa é necessário não apenas conhecer sua competência originária, o que ele nomeia de diplomacia protocolar, mas também a participação efetiva e pessoal do mandatário concebida como diplomacia ativa.

Define, para isso, os graus dessa inserção presidencial nos assuntos internacionais, sendo que no mais baixo nível de atuação, considerado como diplomacia reflexa, a participação do Chefe de Estado funcionaria apenas como reações aos estímulos externos, ou seja, quando é chamado a solucionar problemas, tais como conflitos de interesses entre burocracias em temas de política externa de natureza transversal, que incorpora as responsabilidades regimentais de mais de um Ministério. Dentro dessa lógica, o segundo grau seria uma diplomacia presidencial ativa, com a utilização da imagem e da transmissão de ideias, demonstrando-se mais participante aos olhos da opinião pública. Já o terceiro seria a atuação mais ativa incluindo a condução pessoal do Presidente na política externa bem como iniciativas para uma melhor projeção e inserção do país em âmbito internacional, sendo as próprias diretrizes da política externa, neste caso, associadas à figura presidencial.

Cerqueira (2005) trabalha com uma definição conceitual complementar àquela estabelecida por Danese (1999), tratando o termo como um conjunto de iniciativas presidenciais na área que o faz condutor principal da política internacional do país, direcionando a atuação da Chancelaria. O autor faz um estudo de caso sobre a atuação do Presidente Cardoso em âmbito internacional, destacando o próprio interesse do Itamaraty em utilizar-se do perfil desse Presidente – enquanto acadêmico renomado e com inserção política na pasta de relações exteriores – para alavancar as relações internacionais do país. Assim, a atividade presidencial mais assertiva teria como objetivo, segundo essa visão, garantir uma inserção positiva em âmbito internacional, atrair a atenção da opinião pública para assuntos de política externa, aumentando o apoio e a legitimidade das decisões na área.

Albuquerque (1996) também se concentra em estabelecer uma avaliação da atuação do Presidente Fernando Henrique Cardoso nas relações internacionais. Destaca que durante seu primeiro mandato observou-se claramente o Chefe de Estado à frente da diplomacia, sendo vislumbrada pelo número de discursos e pronunciamentos na área, visitas internacionais, participação em foros multilaterais e nas próprias negociações.

Já Nuñez e Malamud (apud Falcão, 2006) concentram suas análises no ativismo presidencial em processos de integração regional, mais particularmente, no Mercosul, que possui uma estrutura institucional que favorece a concentração de poder nos Chefes de Estado, propiciando muitas vezes que os mesmos possam desviar outros *veto players* das decisões finais, tais como o Gabinete Ministerial e o Congresso Nacional.

A convergência desses estudos, principalmente daqueles que se concentram em estudar as gestões de Fernando Henrique Cardoso no cargo presidencial, é a correlação estabelecida entre as características do ocupante do cargo e o ativismo presidencial em política externa. Destarte, esse artigo visa dialogar com essas análises, buscando identificar se houve uma continuidade da atuação presidencial em política externa do governo Lula em relação aos dois dos mandatos de Fernando Henrique Cardoso. O objetivo, com isso, é avaliar o grau de participação do Presidente da República em temas relativos à política internacional. Para tanto, a quantificação dos dados demonstrará se houve ou não uma continuidade da participação presidencial em política externa. As variáveis de análise são: 1) número de visitas ou encontros bilaterais, a) realizadas, b) recebidas; 2) participação em reuniões multilaterais; 3) discursos proferidos na área de política externa e política internacional; 4) iniciativas.

## Fernando Henrique Cardoso: o primeiro e o segundo mandatos (1995-1998/1999-2002)

Os princípios fundamentais perseguidos desde o governo Fernando Collor Mello no campo da política externa brasileira como o pacifismo, a luta contra a degradação ambiental, o respeito aos direitos humanos, a auto-determinação dos povos, a não-intervenção, o desenvolvimento, o processo de liberalização econômica do país, o apoio ao movimento de desarmamento e desnuclearização permaneceram constantes ao longo das duas gestões de Fernando Henrique Cardoso. No entanto, como destaca Lampreia (1998), nesse período (1995-1998) o Brasil adota uma postura de "mudança na continuidade", o que significa que há uma alteração no modo como o Brasil vai buscar alcançar seus objetivos em relação ao sistema internacional.

Na visão de Fernando Henrique Cardoso, Celso Lafer e Lampreia, o posicionamento do Brasil em relação ao exterior deveria seguir o caminho de uma "adaptação criativa", visando adaptar-se às crescentes e complexas mudanças que marcaram o cenário internacional do período, mas não de forma passiva e sim assertiva, procurando participar efetivamente da construção dos regimes internacionais e do multilateralismo (LAFER, 2000; FHC, 2001; LAMPREIA, 1998). Isso significa que o Brasil buscaria a partir daí uma "autonomia pela integração" cujo objetivo era desenvolver não uma "autonomia isolacionista" que marcara governos anteriores, mas aquela que estivesse intimamente articulada com o meio internacional (LAMPREIA, 1998). Essa tendência de ênfase na autonomia e na afirmação da condição do país de *global player* e *global trader* já vinha sendo traçada desde o governo Itamar Franco quando Fernando Henrique Cardoso e, posteriormente, Celso Lafer assumem a pasta de relações exteriores e começam a lidar e a repensar a forma de inserção do Brasil no sistema internacional (VIGEVANI; OLIVEIRA; CINTRA, 2003).

Outra premissa central presente nos fundamentos da política externa do governo Fernando Henrique (1995-99/ 1999-2003) em seus dois mandatos presidenciais é a procura por aumentar o nível de credibilidade internacional do país, fortalecendo a democracia e a estabilidade econômica do país (FHC, 2001), gerando, com isso, maior atração de investimentos externos diretos, aumentando e diversificando o intercâmbio comercial, além de poder contar com organismos multilaterais e governos de países desenvolvidos para estabilização em momentos de crise financeira (VIGEVANI; OLIVEIRA; CINTRA, 2003). Assim também, o fortalecimento da democracia e dos preceitos pacifistas fundamentados pela Constituição de 1988 levou o país - a partir da liderança presidencial de FHC – a buscar uma melhora na relação com alguns países na área de segurança internacional, como no caso dos Estados Unidos, quando o Brasil compromete-se, após anos de relutância, a aderir ao MTCR (Regime de Controle de Tecnologia de Mísseis – 1995), ao CTBT (Tratado para a Proibição Completa de Testes Nucleares – 1996) e ao TNP (Tratado de Não-Proliferação Nuclear – 1998), pondo fim as desconfianças ainda presentes e resgatando as hipotecas que ainda pesavam na credibilidade internacional do país. Na visão de Lampreia (1998) essas ações possibilitaram acabar com a dualidade presente nas posturas brasileiras no âmbito interno e externo. Isso se justifica, segundo ele, pois além da temática da não-proliferação nuclear, a proteção dos direitos humanos e ao meio ambiente, durante muitos anos, com destaque ao período militar, levou a diplomacia brasileira a envolver-se e comprometer-se nos debates internacionais sobre o assunto, embora domesticamente o país adotasse posturas incoerentes – de relutância e não comprometimento – em relação aos discursos proferidos em âmbito global.

Em consonância com os objetivos internos do país, a diplomacia adota uma postura mais assertiva em diversos foros envolvendo uma diversidade temática. Na área comercial, há um aprofundamento dos compromissos entre os países do Mercosul com a adoção da Tarifa Externa Comum (TEC), sendo o bloco fonte prioritária nas ações governamentais do período, não apenas como mecanismo de aproximação e estreitamento das relações regionais, mas também e, sobretudo, como plataforma de inserção competitiva no cenário internacional (LAFER, 2002). Ainda nessa área o país vivenciou durante as duas gestões uma atuação da diplomacia bastante expressiva no âmbito da OMC, além do estreitamento da relação interbloco Mercosul e União Europeia.

A integração continental e o projeto de criação de uma Área de Livre Comércio das Américas motivadas pelos Estados Unidos experimentaram fases distintas na preocupação brasileira. Inicialmente o Brasil adotou uma postura de afastamento das negociações, já que não possuía interesse na viabilização do projeto. No entanto, com o risco posterior de isolamento e com o estreitamento das relações bilaterais cada vez mais frequentes dos EUA em relação aos demais países do continente, o Brasil passou a ter uma postura mais ativa no processo de negociação para a construção da ALCA, visando enfrentar os desafios econômicos e políticos decorrentes da estratégia norte-americana para América Latina (BERNAL-MEZA, 2002). Ainda na arena comercial, o Brasil apostou na aproximação bilateral com destaque para alguns países como China, Japão, Índia, Rússia, África do Sul.

Sobre os temas da agenda social houve também uma atenção crescente no comprometimento brasileiro com a proteção ambiental, sendo que o Brasil envolveu-se oficialmente na construção da agenda 21 e nos desdobramentos das Convenções. O país comprometeu-se ainda com a Lei sobre Biossegurança (1996), a Lei de Patentes (1997) uma Lei de Cultivares, a Lei que regula o acesso aos recursos genéticos brasileiros, além da constituição do PPG-7 (Programa Piloto para Proteção das Florestas Tropicais) envolvendo Brasil e o G-7 em um processo de cooperação internacional com a finalidade de proteger o meio ambiente (CERVO, 2002). Assim também, na área de direitos humanos houve um esforço para internalização das regras e comprometimentos assumidos pelo país em âmbito internacional, havendo como marco a constituição de uma Secretaria de Estado de Direitos Humanos. Neste contexto, a diplomacia consolida a aproximação com os países de língua portuguesa através da Comunidade dos Países de Língua Portuguesa (CPLP), processo esse iniciado na gestão de Itamar Franco.

Ainda como marco relevante no balanço sobre a era Cardoso vale ressaltar a iniciativa brasileira de candidatar-se a uma vaga como membro permanente no Conselho de Segurança, sendo um agente propositor para a reforma da ONU, além de levar à cabo a cláusula democrática para o âmbito do Mercosul, atuando inclusive juntamente com a Argentina para evitar o golpe de Estado eminente no Paraguai (1996,1999 e 2001).

Além disso, como aponta o embaixador Sebastião do Rego Barros (1998), as mudanças também ocorreram no âmbito institucional da diplomacia, sendo marcada por algumas transformações. Com a finalidade de aproximar a chancelaria da sociedade civil criou-se espaços de transparência pública para consulta, informações, bem como canais de diálogo para o debate sobre temáticas emergentes da agenda diplomática do Estado. Dentro desse contexto foi criada a Seção Nacional da ALCA (SENALCA), composta por representantes de 12 ministérios e 5 órgãos públicos, além de representantes do Congresso e de entidades civis, com a finalidade de reunir-se periodicamente para o debate do assunto. Já no âmbito do Mercosul foi criado em 1995 o Foro Consultivo Econômico-Social, caracterizado um canal de diálogo entre sindicatos e empresários dos quatro países do bloco. Assim também, destaca Barros (1998), foi criado em 1997 no âmbito do MRE um espaço de interlocução e assessoramento com entes federados chamado Assessoria de Relações Federativas.

Além desses espaços de diálogo com demais atores estatais e não-estatais, a burocracia responsável pela condução da política externa do país também realizou transformações na forma de conduzir alguns temas como, por exemplo, a assistência aos brasileiros no exterior, a promoção comercial e a difusão cultural. No que tange ao primeiro tema, Barros (1998) salienta que foi durante as gestões de FHC que se criou a Diretoria-Geral Consular, Jurídica e de Assistência à Brasileiros no Exterior, o Núcleo de Assistência a Brasileiros, as missões consulares itinerantes, os Conselhos de Cidadãos, os foros de discussões presentes especialmente em países onde se concentram o maior número de emigrantes brasileiros como nos Estados Unidos, no Japão e na Europa. Já no que se refere à área de promoção comercial, a diplomacia estreitou suas relações com o SEBRAE na captação de novos potenciais empresários, criou o Sistema de Promoção de Investimentos e Transferência de Tecnologia para Empresas com a finalidade de promover o país no exterior. Foi constituído o Centro de Promoção da Eficiência Comercial para aumentar a competitividade das empresas brasileiras, facilitando o intercâmbio empresarial com o exterior mediante as operações dos *trade points*, além da construção do Brasil *Trade Net*, portal que disponibiliza informações sobre o comércio exterior. As atividades referentes à divulgação cultural do país também se tornaram mais frequentes, possibilitando maior exportação de artistas e produção cultural do Brasil para o exterior. (BARROS, 1998)

Diante desse quadro, um fator de destaque foi a expressiva atuação presidencial de FHC no âmbito da política externa. Segundo os dados compilados pela pesquisa, é possível observar a relevância atribuída à área no decorrer de seus dois mandatos. As visitas presidenciais bilaterais do primeiro mandato chegaram a um total de 37; não diferentemente também bastante intensas foram as visitas recebidas de Chefes de Estado de toda a parte do mundo ao Brasil, totalizando 31. Participou ainda de 19 reuniões multilaterais e proferiu 136 discursos que versam sobre temas da política externa[1].

Não diferentemente, no decorrer do segundo mandato Fernando Henrique (1999-2002) observou-se o exercício de uma diplomacia presidencial ativa. Embora o número de Chefes de Estados recebidos no Brasil oficialmente e de discursos proferidos na área de política internacional tenha diminuído em relação ao primeiro mandato, as reuniões multilaterais das quais participou bem como suas visitas aos demais países do sistema internacional em busca do estreitamento de relações bilaterais aumentaram relativamente. O Presidente discursou sobre a área 94 vezes; recebeu 18 Chefes de Estado no Brasil para visitas oficiais; em contrapartida, realizou 44 viagens ao Exterior para encontros de natureza bilateral, ou seja, 18,9% a mais que em seu primeiro mandato. Além disso, participou de 20 encontros multilaterais realizados no exterior ou mesmo no Brasil[2].

1. Os dados foram compilados pela autora e extraídos dos documentos oficiais disponíveis na biblioteca da Presidência da República.
2. Idem .

# Luiz Inácio Lula da Silva (2003-2006)

O governo Lula teve como marco diferencial no campo da política externa o direcionamento das ações diplomáticas para as parcerias com os países do Sul. Houve, nesse contexto, uma empreitada da equipe política do governo, mais particularmente de seus líderes – Celso Amorim, Ministro de Estado, Samuel Pinheiro Guimarães, Secretário Geral do MRE e Marco Aurélio Garcia, assessor para assuntos internacionais da Presidência da República – para viabilizar parcerias estratégias no âmbito da OMC, criando e fortalecendo a coalizão dos países terceiro-mundistas (G-20). O objetivo esteve centrado na proteção dos interesses agrícolas dos países em desenvolvimento frente às demandas do processo de liberalização comercial da Rodada Doha.

Assim também, buscou-se uma aproximação em termos de cooperação técnica, política e comercial entre Brasil, Índia e África do Sul (IBAS), criando a coalizão conhecida como G-3, além do estreitamento de laços com países estratégicos também considerados potências regionais como Rússia e China. Durante seu primeiro mandato, Lula direcionou as relações brasileiras para o continente africano, expressando-se fortemente na cooperação sociocultural. (CEPALUNI; VIGEVANI, 2007)

A aposta nas parcerias Sul-Sul teve propósitos diversos, tais como: propor uma nova geografia econômica que não estivesse apenas concentrada nos países do centro (G-8), a busca pela conquista de uma liderança que excedesse as fronteiras regionais do Cone Sul, o fortalecimento de posicionamentos em foros multilaterais seja na arena comercial seja na empreitada do país para conquista de uma vaga permanente no Conselho de Segurança. Neste último caso, em particular, foi durante essa gestão que o Brasil adotou uma postura mais assertiva na busca pela reforma da ONU e pela ampliação do número de cadeiras no Conselho de Segurança. O marco diferencial foi que com FHC, mesmo apostando nessa possibilidade de angariar uma vaga no Conselho de Segurança da ONU, não colocou como prioridade o trato da questão, pois o assunto vinha gerando constrangimentos com um importante vizinho e parceiro comercial – a Argentina. (CERVO, 2003)

Já no que se refere aos temas da agenda comercial, a Área de Livre Comércio das Américas que era vista como uma opção, porém não muito desejada ainda durante o governo FHC, na gestão de Lula a questão passou por uma abordagem absolutamente crítica em relação a essa iniciativa, sendo que os argumentos ultrapassaram os ditames puramente técnicos para fundamentos também políticos na construção da oposição (ALMEIDA, s/d.). Ainda na temática integração regional, o Mercosul permaneceu como prioridade nas ações diplomáticas brasileiras que visou, a partir de então, estreitar não apenas os laços comerciais com os países do bloco, mas também estabelecer coordenação conjunta do posicionamento político e enfatizar a integração de áreas antes adormecidas como cultural e social (VILLA, 2007). Além disso, o Brasil propôs a criação da Comunidade Sul-Americana de Nações com a finalidade de propiciar um espaço de maior diálogo entre os países da região, além de facilitar iniciativas nas áreas de energia e infraestrutura. (LIMA, 2006)

O governo Lula apostou em parcerias com países em desenvolvimento em outras partes do globo, o que não significou um afastamento na relação com as grandes potências, mas sim uma distribuição mais equilibrada do comércio em relação à América do Norte, Ásia e Europa (LIMA, 2006). Essas ações de diversificação de parcerias fizeram também parte da aposta central do país na potencialização do comércio exterior brasileiro visando à produção de saldos comerciais positivos que evitassem o aprofundamento da dependência do país aos capitais estrangeiros (CERVO, 2003). Isto porque, um dos objetivos desse governo foi acabar com a vulnerabilidade externa do país herdada do governo de Fernando Henrique bem como da dívida externa. Outro fator adjacente a esse debate foi a empreitada da diplomacia brasileira em promover a questão do combate à fome e à miséria nos foros multilaterais, angariando conquistar um espaço para a temática na agenda global das Nações Unidas.

Saindo da avaliação das realizações no campo da política externa para a análise da prática exercida pelo Presidente da República no campo diplomático, o que foi possível observar, a partir da quantificação dos dados seguindo as variáveis sugeridas para análise, é que houve um aumento expressivo da atuação do Chefe de Estado comparada a gestões anteriores, demonstrando a tendência de aumento da presença do Chefe de Estado na condução da política externa do país.

Através dos dados foi possível observar que durante o primeiro mandato de governo, Lula realizou 67 vistas bilaterais a outros países do sistema internacional; participou de 48 reuniões multilaterais ocorridas tanto no Brasil quanto aquelas sediadas em outros Estados. Além disso, recebeu no Brasil um número expressivo de visitas de Chefes de Estados totalizando 107, o que demonstra além da alta dimensão de seu ativismo, a diversificação das parcerias propostas pelo governo em política externa. Além do número de visitas realizadas e recebidas associado à expressiva atuação presidencial em encontros multilaterais, o Presidente Lula também conferiu uma relevância extremada aos assuntos de política externa em seus pronunciamentos, totalizando 328[3].

## Considerações Finais

O que se observa a partir dos índices mesurados para avaliar intensidade da atividade presidencial em política externa é que houve um expressivo aumento ao longo dos anos de todas as categorias, refletindo consequentemente na maior interação dos Chefes de Estados com os assuntos da política internacional.

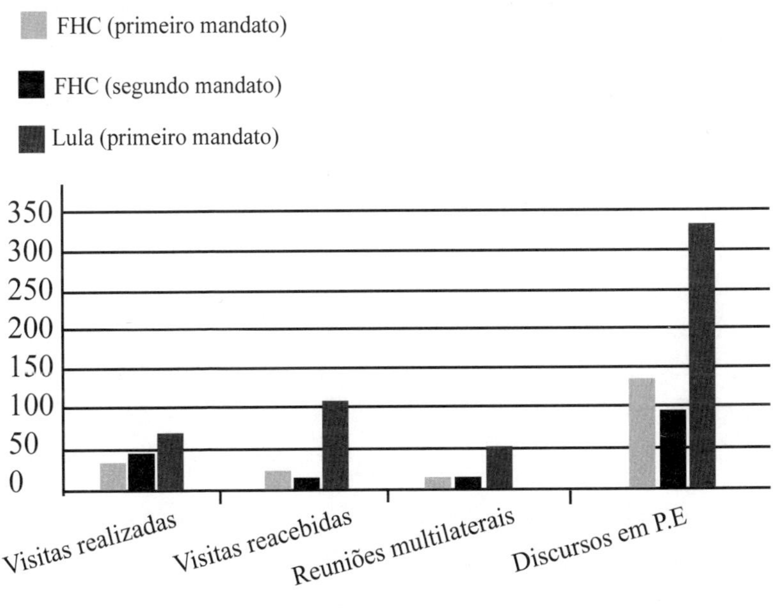


Fonte: Biblioteca da Presidência da República (dados compilados pela autora).

3. Os dados foram compilados pela autora e extraídos dos documentos oficiais disponíveis na biblioteca da Presidência da República.

Em outras palavras, verifica-se uma crescente participação presidencial em assuntos de política externa, saindo de uma atuação protocolar que com frequência marcou a história do país, para uma diplomacia ativa atrelando o projeto nacional aos mecanismos de inserção internacional do país. Essa alta

frequência da participação dos Chefes de Estados encontra-se em escala progressiva, ou seja, com uma tendência crescente entre aqueles que assumiram o cargo especialmente pós-redemocratização e no ensejo de um cenário internacional em transformação. Uma das conclusões possíveis do aumento do ativismo presidencial na área é decorrente da crescente politização dos temas da política externa e do aumento da inversão dos assuntos internacionais em votos e prestígio político.

# Referências


ALBUQUERQUE, José Augusto Guilhon. (org). (1996) *Sessenta Anos de Política Externa Brasileira (1930-1990): o desafio geoestratégico.* São Paulo: Cultura Editores/NUPRI/USP.

______. (1996). O Presidente na linha de frente da diplomacia. *Carta Internacional,* n 35, jan.

______. (1997). *O Alcance da Diplomacia Presidencial. Carta Internacional,* n 47, jan.

BARROS, Sebastião do Rego (1998). A execução da política externa brasileira: um balanço dos últimos 4 anos. *Revista Brasileira de Política Internacional.* vol. 41, n.2.

BERNAL-MEZA, Raúl. (2002) *A política exterior do Brasil: 1990-2002. Revista Brasileira Política Internacional.* vol. 45, n.1.

CARDOSO, Fernando Henrique A política externa do Brasil no início de um novo século: uma mensagem do Presidente da República. *Revista Brasileira de Política* Internacional. vol. 44.

CEPALUNI, G.; VIGEVANI, T. (2007). A Política Externa de Lula da Silva: A Estratégia da Autonomia pela Diversificação. *Contexto Internacional,* v. 29.

CERQUEIRA, R. (2005) *Diários do Príncipe. Imprensa e Política externa no governo Cardoso (1995-2002).* Dissertação Mestrado PUC-RIO.

CERVO, Amado Luiz (2002). Relações internacionais do Brasil: um balanço da era Cardoso. *Revista Brasileira de Política Internacional.* vol. 45, n.1.

______. (2003). A política exterior: de Cardoso a Lula. In: *Revista Brasileira de Política Internacional.* 46 (1).

CERVO, Amado Luiz & BUENO, Clodoaldo (2002). História da Política Exterior do Brasil. São Paulo: Editora Ática, Primeira Edição, 1992. Segunda Edição, Brasília: EDUNB – IBRI.

DANESE, S. *Diplomacia Presidencial.* Rio de Janeiro: Topbooks, 1999.

DEUTSCH, Karl W. (1982) Como se Faz Política Externa In: *Análise das Relações Internacionais. Brasília:* Editora da UnB.

DINIZ, Simone (2005). Interações entre os Poderes Executivo e Legislativo no Processo Decisório: Avaliando Sucesso e Fracasso Presidencial. *DADOS – Revista de Ciências Sociais, Rio de Janeiro,* Vol. 48, no 1.

FONSECA, G. e LAFER, C. Questões para a diplomacia no contexto internacional das polaridades indefinidas. In: FONSECA, G e outros (orgs) *Temas de Política Externa Brasileira,* vol. 1.

HIRST; M.; PINHEIRO, L. (1995). A Política Externa Brasileira em dois tempos. In: *Revista Brasileira de Política Internacional 38* (1).

LAFER, Celso (2000). Brasil: dilemas e desafios da política externa. *Estudos Avançados.* vol. 14, n.38.

LAMPREIA, Luiz Felipe. (1998) A política externa do governo FHC: continuidade e renovação. *Revista Brasileira de Política Internacional* vol. 41, n.2.

LIMA, Maria Regina Soares de e MOURA, Gelson. (1982) A Trajetória do Pragmatismo - Uma Análise da Política Externa Brasileira. *DADOS – Revista de Ciências Sociais, Rio de Janeiro,* vol. 25, n 3.

LIMA, Maria Regina Soares de (2000). Instituições Democráticas e Política Exterior In: *Contexto Internacional,* vol. 22, n. 2, jul.-dez.

PRETO, A. F. O (2006). *Conceito de Diplomacia Presidencial:* o papel do Presidente da República na Formulação da Política Externa. Dissertação de Mestrado, Universidade de São Paulo (FFLCH)

VIGEVANI, Tullo; OLIVEIRA, Marcelo F. de and CINTRA, Rodrigo (2003). Política externa no período FHC: a busca de autonomia pela integração. *Tempo social.* vol. 15.

# A QUESTÃO PALESTINA E AS RELAÇÕES INTERNACIONAIS

MARCELO BUZETTO*

*Doutorando em Ciências Sociais pela PUC/SP, professor nos cursos de Relações Internacionais e Administração de Empresas do Centro Universitário Fundação Santo André (CUFSA), professor da Escola Nacional Florestan Fernandes, coordenador do Núcleo de Estudos Latino-Americanos (NELAM/CUFSA).

**Resumo**

Este artigo tem como objetivo principal estimular uma reflexão crítica sobre a Questão Palestina e as Relações Internacionais, buscando esclarecer uma série de mitos que foram sendo construídos pelos meios de comunicação de massa em torno do conflito entre o Estado de Israel e as forças políticas e sociais que representam a legítima resistência do povo palestino na luta pela criação de um Estado Nacional Laico e Democrático. Optamos em fazer um resgate histórico sobre a origem e o desenvolvimento do Sionismo, ideologia nacionalista conservadora e racista que serviu de base para seduzir uma parte considerável da comunidade judaica internacional e sensibilizá-la para a necessidade de criação de um "lar nacional para os judeus na Palestina". Pretendemos mostrar que o conflito em questão não é entre judeus e muçulmanos, até porque muitos membros da comunidade judaica defendem o direito dos palestinos de terem seu próprio Estado. Também observamos que a posição intransigente, agressiva e antidemocrática dos sucessivos governos do Estado de Israel tem sido o elemento fundamental que impede a realização de uma verdadeira paz justa entre palestinos e israelenses. O constante desrespeito a inúmeras Resoluções da ONU referentes à Questão Palestina por parte do Estado de Israel retirou do mesmo a credibilidade necessária para a resolução política, pacífica e diplomática deste conflito. Terminamos o artigo fazendo um breve relato de uma viagem realizada na Palestina ocupada durante os meses de maio e junho deste ano, momento em que uma frota de barcos com ajuda humanitária para a população de Gaza foi brutalmente atacada por soldados israelenses.

**Palavras-Chaves**

Palestina, sionismo, ONU, Israel.

## Abstract

This article´s main objective is to simulate a critical reflection on the Palestinian Question and International Relations, seeking to clarify a series of myths that have been built by means of mass communication around the conflict between the State of Israel and the political forces and social representing the legitimate resistance of Palestinian people in the struggle for creation of a National Secular and Democratic State. We choose in a historical over the origin and development of Zionism, the nationalist ideology and racist conservative base that served to entice a considerable part o the Jewish community international and it sensitizes to the need for creation of a national home for Jews in Palestine. We indent to show that conflict is not between Jews and Muslims, even as many members of the Jewish community advocate the right of Palestinians to their own state. Also observed that the intransigent position, aggressive and undemocratic of successive governments in the State of Israel has been the key element that prevents the realization of truly just peace between Palestinians and Israelits. The constant disregard of numerous UN resolutions regarding the Palestinians question by the State of Israel withdrew form even the credibility needed to solve political, peaceful and diplomatic approach to this conflict. We finish this article with a brief account of a journey undertaken in occupied Palestine during the months of May and June this year, when a fleet of ships with humanitarian aid for the population of Gaza was brutally attacked by Israel soldiers.



## Keywords

Palestine, Zionism, UN, Israel.

# Introdução

Os meios de comunicação de massa (ou de desinformação em massa) costumam tratar a Questão Palestina como um conflito entre "judeus e muçulmanos" ou entre "árabes e israelenses". Os árabes-palestinos sempre aparecem nos grandes veículos de comunicação como terroristas, pessoas sanguinárias, fanáticos religiosos que se explodem cometendo atentados em várias partes do Oriente Médio.

Quais são os verdadeiros motivos que fazem com que a Palestina, região onde nasceram as três grandes religiões monoteístas (judaísmo, cristianismo, islamismo), seja palco de uma guerra onde as vítimas são crianças, idosos e demais membros da população civil que enfrentam todos os dias as agressões de um exército invasor que desrespeita os direitos humanos e as resoluções da ONU desde 1948?

# A Localização Estratégica

A Palestina é um território de 27.000 km² que se localiza entre o Egito, Líbano, Síria e Jordânia, tendo um vasto litoral com saída para o Mar Mediterrâneo. Pelo sul da Palestina chega-se ao Golfo de Ácaba, que levará qualquer navegante ao Mar Vermelho, Golfo de Áden, Mar da Arábia, golfo de Omã e Oceano Índico.

Do ponto de vista econômico, político e militar, sua localização é estratégica. A Palestina fica no centro do mundo, na divisa entre a África e a Ásia, e bem próxima da Europa. Por isso tal território sempre foi alvo de invasões ao longo de sua história. A região também sempre foi importante rota comercial terrestre e marítima.

# As Origens do Conflito Atual: Sionismo e Imperialismo Invadem a Palestina

Durante o final do século XIX a Palestina estava sob o domínio do Império Turco-Otomano. Na Europa e na Rússia cresce o número e a força de grupos que perseguiam os judeus ("pogroms"). Também nesse período surge um movimento nacionalista judaico chamado Sionismo, que adota esse nome em referência a uma colina de Jerusalém (Sion) onde havia sido construído o Templo de Salomão.

Um dos fundadores do movimento sionista foi Theodor Herzl (1869-1904). Herzl nasceu em Budapeste e estudou em Viena, duas cidades importantes do então Império Austro-Húngaro. Vinha de uma família de banqueiros, e elaborou sua concepção nacionalista judaica num livro chamado O Estado Judeu, publicado em 1896. Em 1897, Herzl e outros adeptos do Sionismo se reúnem no I Congresso Sionista, em Basileia, na Suíça. A resolução final do Congresso falava da criação de um "lar nacional para os judeus", algo que já estava presente no livro de Herzl, apontando a Argentina ou a Palestina como os locais mais favoráveis para a realização de tal empreendimento.

A partir daí os sionistas correram o mundo para angariar recursos financeiros e apoio político para sua proposta. Herzl e seus seguidores vão estabelecer contatos com os governos da Inglaterra, da Alemanha, com o Império Turco-Otomano, com banqueiros, industriais e comerciantes judeus e não-judeus, visando fortalecer a ideia da necessidade de um Estado Judeu. A comunidade judaica europeia se divide, e nem todos apoiam a ideia sionista, mas esse movimento consegue o apoio da burguesia judaica e de setores importantes da burguesia não-judaica europeia.

Em seu livro Herzl já afirmava sua preferência pela Palestina, que chamava de "pátria histórica" dos judeus, e dizia que o Estado Judeu seria, "para a Europa, um pedaço de fortaleza contra a Ásia, seríamos a sentinela avançada da civilização contra a barbárie" (O Estado Judeu, p. 66). Tal afirmação comprova o vínculo entre sionismo e imperialismo, pois o objetivo de Herzl era obter o apoio das potências imperialistas que dominavam o mundo, e em especial o Oriente Médio, para que a Palestina fosse entregue à burguesia judaica, para que a mesma transformasse esse território numa fortaleza militar contra o avanço do nacionalismo árabe e de possíveis movimentos anti-imperialistas que cresciam no Oriente Médio do período pós-Primeira Guerra Mundial.

Com a derrota do Império Turco-Otomano na Primeira Guerra Mundial (1914-1918), França e Inglaterra invadem o Oriente Médio e dividem entre si a região, ficando a Palestina sob o domínio britânico de 1918 a 1948. Nesse período o movimento sionista está consolidado, e sua ambição de construir um "lar nacional para os judeus" na Palestina ganha ainda mais apoio, devido ao massacre de judeus pelos nazistas na Europa da Segunda Guerra Mundial (1939-1945). Criam-se, então, as condições favoráveis para a realização da profecia que Herzl e seus seguidores elaboraram em 1897: criar o "Estado Judeu" em cinquenta anos.

Durante vários séculos os judeus haviam passado por um processo de assimilação, ou seja, haviam se integrado na comunidade nacional de vários países. Trabalhavam, estudavam, participavam da vida política, econômica, social e cultural de onde viviam, e muitos também se envolviam nas lutas por justiça, democracia, igualdade e em defesa dos trabalhadores contra a exploração do capital e do capitalismo.

O movimento Sionista divide a comunidade judaica e vai iniciar uma propaganda em defesa de um nacionalismo burguês conservador e com um conteúdo racista e anti-democrático. Basta ver a proposta de organização política do Estado Judeu defendida por Herzl. Diz ele:

> Considero a monarquia democrática e a república aristocrática como as mais belas instituições políticas [...] Sou amigo convencido das instituições monárquicas porque elas tornam possível uma política permanente e representam o interesse ligado a conservação do Estado de uma família historicamente ilustre, nascida e educada para reinar (HERZL, 1998, p. 111 e 112).

Sua posição elitista e antidemocrática considera:

> o referendum como absurdo, pois, em política, não há questões simples que possamos resolver por um sim ou por um não. Aliás, *as massas são ainda piores do que os parlamentos* (grifo nosso) [...] Diante de um povo reunido, não podemos fazer nem política exterior nem política interior [...] A política deve ser feita do alto (Idem, p. 112).

Essa ideologia conservadora serviu de base para a instauração do Estado de Israel. Compreender o conteúdo racista e conservador do sionismo é fundamental para que possamos explicar a posição atual do governo de Israel em relação ao povo palestino. Três ideias foram fundamentais para convencer milhares de judeus a emigrar para a Palestina: 1) que a Palestina era uma "terra sem povo" e os judeus eram um "povo sem terra"; 2) que a Palestina é a "pátria histórica" dos judeus; 3) que os judeus são o "povo eleito" por Deus. Essas ideias fizeram com que banqueiros e grandes empresários judeus contribuíssem para a criação da Companhia Judaica, empresa de colonização com o objetivo de comprar terras para instalar colônias judaicas na Palestina. Durante os anos 20 e 30 do século XX o crescimento dessas colônias deu início a uma série de conflitos entre judeus sionistas e árabes-palestinos. Nos anos 40 o movimento sionista começa a organizar grupos terroristas como o Irgun, Stern e Haganah, que fazem ações armadas e atentados contra a população árabe-palestina, com a intenção de intimidá-los através da violência, fazer com que abandonem seus lares, suas propriedades e suas aldeias.

O Sionismo se organiza de quatro maneiras: 1) politicamente: através de várias organizações nacionais e internacionais que visam buscar apoio político de governos para seu projeto colonialista; 2) economicamente: buscando recursos financeiros de empresários e banqueiros judeus e não-judeus para a instalação de colônias na Palestina; 3) militarmente: organizando grupos terroristas/paramilitares para espalhar o pânico entre a população árabe-palestina, grupos que, depois de 1948, se transformam nas Forças Armadas de Israel; 4) culturalmente: através da difusão, pela indústria cultural, de ideias que buscam justificar a dominação territorial da Palestina e o direito "histórico e sagrado dos judeus" de ocupar aquela região[1].

Em 1947, como resultado de uma articulação política internacional dirigida por representantes das potências imperialistas (EUA, Inglaterra e França) e do sionismo internacional, e com o apoio da União das Repúblicas Socialistas So-

1. Um livro interessante sobre a influência do sionismo na cultura e nas ideias é "*A indústria do Holocausto – Reflexões sobre a exploração do sofrimento dos judeus*", do intelectual de origem judaica Norman Finkelstein (Editora Record).

viéticas (URSS) e das recém criadas "repúblicas socialistas" do Leste Europeu, a Organização das Nações Unidas (ONU) aprova a Partilha da Palestina, que deveria criar naquela região dois Estados, um Judeu e um Palestino. O Estado Judeu ficaria com 56,4% do território, o Estado Palestino ficaria com 42,9%, e 0,7%, correspondentes à cidade de Jerusalém, seria administrado pela ONU, por ser local sagrado para cristãos, judeus e muçulmanos. Além de receber a maior parte do território palestino, o Estado Judeu ficou com as terras mais férteis. No ano da partilha (1947), a população árabe-palestina era maioria absoluta em 15 dos 16 subdistritos existentes. Somente em Jaffá a maioria da população era formada por judeus. Eram 1.310.000 de árabes-palestinos-muçulmanos e 630.000 judeus. Quem coordenou a votação na Assembleia Geral da ONU foi o diplomata brasileiro Oswaldo Aranha, ex-Ministro das Relações Exteriores. Orientado pelo governo brasileiro para acompanhar o voto dos EUA, Aranha adiou por dois dias a votação, para que o lobby sionista e estadunidense pudessem convencer outros países sobre a necessidade da criação do Estado Judeu. No dia 29 de novembro de 1947 a votação foi a seguinte:

*Favoráveis:* África do Sul, Austrália, Bélgica, Bolívia, Brasil, Bielo-Rússia, Canadá, Costa Rica, Checoslováquia, Dinamarca, Equador, Estados Unidos, Filipinas, França, Guatemala, Haiti, Holanda, Islândia, Libéria, Luxemburgo, Nicarágua, Noruega, Nova Zelândia, Panamá, Paraguai, Peru, Polônia, República Dominicana, Suécia, Ucrânia, União Soviética, Uruguai e Venezuela.

*Contra:* Afeganistão, Arábia Saudita, Cuba, Egito, Grécia, Iêmen, Índia, Irã, Iraque, Líbano, Paquistão, Síria e Turquia.

*Abstenções:* Argentina, Chile, China, Colômbia, El Salvador, Etiópia, Honduras, Iugoslávia, México, Reino Unido. (GATTAZ, 2002, p. 94 e 95).

Em 14 de maio de 1948 os britânicos deixam a Palestina e é fundado o Estado de Israel. Desde os primeiros dias de sua existência, o governo sionista impediu a criação do Estado Palestino, desrespeitando com isso a resolução 181 da ONU, que previa a constituição de dois Estados. Tem início a Guerra da Palestina, onde de um lado está o Exército Sionista-Colonialista de Israel e, de outro, a população palestina, que desde esta época luta pela sua libertação, pela criação de um Estado Laico e Democrático, onde possam viver em paz judeus, cristãos e muçulmanos, onde seja garantido aos indivíduos o direito de decidir e manifestar livremente suas posições políticas e/ou religiosas.

Portanto, desde 1948 o povo palestino vive uma tragédia: foram expulsos de suas terras e de suas casas, e tiveram suas propriedades roubadas ou destruídas pelo chamado Exército de Defesa de Israel. Vilas e cidades palestinas vêm sendo constantemente destruídas durante os 62 anos da Nakba ("A tragédia"). Milhares de pessoas seguiram o caminho do exílio e os refugiados palestinos já chegam a 5 milhões. E, ainda assim, milhares seguem resistindo dentro dos territórios ocupados por Israel.

Em 1967, o expansionismo israelense se intensifica. Novas colônias e assentamentos judeus-sionistas são criados em Gaza, Cisjordânia e Jerusalém, agora tomada militarmente pelo exército colonialista, em mais um desrespeito às resoluções da ONU sobre a questão palestina. Além disso, Israel ocupa militarmente as colinas de Golan, que são da Síria, e a Península do Sinai, do Egito. A única resolução da ONU que Israel respeitou até o momento foi a da sua própria criação.

Israel segue hoje como o único país do Oriente Médio com armas nucleares, ou seja, armas de destruição em massa. Fala-se de 200 ogivas. Mordehai Vanunu, físico nuclear israelense, que denunciou o programa nuclear de Israel, comprovando sua finalidade bélica, ficou 18 anos na prisão, sendo 16 na solitária, depois foi para a prisão domiciliar, com proibição de se comunicar com qualquer estrangeiro por quaisquer meios. Em 2010 voltou para a cadeia, acusado de tentar fazer contato com membros do Movimento pelo Fim das Armas Nucleares no Oriente Médio.

## A Ofensiva de 1964 a 1988 e o Legítimo Direito do Povo Palestino à Resistência diante do Colonialismo Israelense

A resistência palestina já desenvolveu as mais diversas formas de luta. Mas foi nos anos sessenta do século XX que o movimento de libertação nacional palestino adquiriu importância internacional, conquistando espaços junto a organismos internacionais, governos e representações diplomáticas de vários países, sendo apoiado pelo bloco de países socialistas do Leste Europeu (Alemanha Oriental, Polônia, Hungria, Bulgária, Tchecoslováquia, Iugoslávia, Romênia), pela Albânia, pela China, pelo Vietnã, pela Coreia do Norte, pela URSS, pelo Movimento dos Países Não-Alinhados[2] e pela Liga Árabe[3] Todo esse apoio internacional à causa palestina produziu inúmeras resoluções da ONU e condenações ao Estado de Israel,

2. O Movimento dos Países Não-Alinhados é resultado da Conferência de Bandung, que ocorreu em 1955 na Indonésia. É um agrupamento de países que se uniram para defender o respeito à soberania, à autodeterminação das nações e a defesa de uma política externa independente, sem se submeter às imposições da URSS ou dos EUA, potências que disputavam o controle do mundo durante a Guerra Fria (1945-1991). Reúnem-se em torno deste movimento aproximadamente 115 países dos diferentes continentes.

3. Criada em 1945 no Cairo, Egito, a Liga Árabe congrega 22 países, e tem se posicionado sempre favoravelmente à criação de um Estado Palestino.

e gerou uma conjuntura favorável para que a Organização para a Libertação da Palestina (OLP) fosse convidada a falar na Assembleia Geral da ONU em 1974, quando Yasser Arafat fez um discurso histórico para um plenário majoritariamente a favor do cumprimento das várias Resoluções sobre a Questão Palestina. Arafat afirmava que

> O mundo necessita de esforços tremendos para que se realize as suas aspirações de paz, liberdade, justiça, igualdade e desenvolvimento para que a sua luta seja vitoriosa contra o colonialismo, imperialismo, neocolonialismo e racismo em todas as suas formas, inclusive o sionismo [...] Nossa revolução é também para os judeus, como seres humanos. Lutamos para que judeus, cristãos e muçulmanos possam viver em igualdade, gozando os mesmos direitos e assumindo as mesmas responsabilidades, livres da discriminação racial e religiosa [...] Sou um rebelde e a liberdade é a minha causa. Bem sei que muitos dos presentes aqui hoje se ergueram na mesma posição de resistência que ocupo hoje e de onde devo lutar. Um dia vocês tiveram que converter sonhos em realidade em sua luta. Portanto, agora vocês devem compartilhar o meu sonho, o nosso sonho de um futuro de paz na terra sagrada da Palestina [...] Apelo a todos vocês que permitam que o nosso povo estabeleça soberania nacional independente sobre a sua própria terra. Hoje eu venho portando um galho de oliveira e uma arma dos lutadores pela liberdade. Não permitam que o galho de oliveira caia de minha mão [...]. (ARAFAT, 2007, p. 87, 105 e 107).

Em novembro de 1974 a Resolução da ONU 3237 convida a OLP para participar, na condição de observadora, dos trabalhos e sessões da Assembleia Geral, se transformando numa imensa vitória diplomática daquela que seria reconhecida como a única e legítima representante do povo palestino.

Entre 1964 e 1988, a OLP conduziu o processo de mobilização anticolonialista e desencadeou uma incrível luta de libertação nacional que deu esperanças para as massas populares de todo o mundo árabe. Criada pela Liga Árabe, a OLP vai adquirindo autonomia/independência deste organismo, até conquistar plenamente o direito de decidir sobre muitas questões relacionadas à luta palestina sem consultar e/ou concordar com as posições dos governos de países árabes. Essa maior autonomia ampliou o apoio e garantiu mais legitimidade da OLP entre a classe trabalhadora e as massas populares palestinas e árabes. Enquanto uma frente de cerca de 10 partidos políticos (nacionalistas laicos/nasseristas[4] e comunistas/socialistas), a OLP seguia como a única e legítima representante do povo palestino. Sem dúvida é a organização política mais antiga e mais importante na história do movimento de libertação nacional palestino. Dentro desta frente estão os partidos da esquerda Palestina, como a Frente Democrática pela Libertação da Palestina (FDLP), a Frente Popular de Libertação da Palestina (FPLP) e o Partido do Povo Palestino (PPP). Mas o partido político que sempre ocupou o espaço de força política hegemônica no interior da OLP foi o AL-FATAH (ou simplesmente FATAH), ou Movimento de Libertação Nacional, agrupamento nacionalista laico sob a liderança de Yasser Arafat. Já o Hamas (Movimento de Resistência Islâmica), que governa e que tem mais força política na atualidade em Gaza, nunca fez parte da OLP. Criado em 1987 com apoio da burguesia árabe-islâmica, de governos do Oriente Médio e de organizações como a Irmandade Muçulmana, o Hamas representa

4. O nasserismo é uma corrente política que expressa as posições de um nacionalismo laico, inspirado no exemplo e nas ideias de Gamal Abdel Nasser (1918-1970), que foi presidente do Egito entre 1954 e 1970.

uma das principais forças do nacionalismo islâmico, corrente política em franca ascensão nos diversos países árabes. Além de apoio de setores importantes da burguesia árabe-islâmica e governos como o do Irã, esse partido político possui hoje uma base social muito forte entre trabalhadores empregados, subempregados e desempregados dos territórios palestinos de Gaza e Cisjordânia. Nos anos noventa do século XX surgem outros atores no interior do movimento de libertação nacional palestino, como a Jihad Islâmica, partido político que também está fora da OLP.

Além de partidos políticos e organizações político-militares, os palestinos tem organizações de juventude, camponeses, trabalhadores, operários, mulheres[5], entre outros. Nos últimos vinte e dois anos o movimento da resistência palestina tem priorizado a luta de massas, a mobilização social enquanto principal forma de luta contra as arbitrariedades e a violência praticada pelo governo do Estado de Israel. Toda sexta-feira, em várias cidades da palestina ocupada, o povo palestino sai em marcha das mesquitas ou praças até o muro que foi construído para separar os palestinos, muro que foi construído ilegalmente por Israel. Esse muro tem hoje cerca de 500 quilômetros de extensão e dez metros de altura. Nessas marchas há sempre confronto com o Exército e a polícia israelenses, pois a manifestação pacífica é sempre reprimida e resulta em grande número de palestinos feridos ou mortos, como nos episódios na cidade de Ni´lin, uma comunidade no interior da Cisjordânia conhecida pela sua disposição de luta e pela organização de atos semanais em repúdio ao que

---

5. Destacamos a Union of Agricultural Work Committees (UAWC), a Palestinian Progressive Youth Union (PPYU), a Union of Palestinian Women Committees (UPWC), a Defence for Children Internatinal - Palestine Section, a ADDAMEER-Prisioners Support and Human Rights Association, o Palestinian Centre for Human Rights, etc.

chamam de "o Apartheid de Israel"[6]. No entorno de Ni´lin foram construídos assentamentos judeus em terras palestinas, e parte do território que era utilizado pelos camponeses palestinos para cultivar oliveiras foi ocupado pelos colonos sionistas com apoio da polícia e do exército israelenses. Esses colonos recebem treinamento militar e autorização para usar armas de fogo e organizar suas próprias milícias, que com pistolas automáticas e fuzis ameaçam constantemente a população de Ni´lin e de outras cidades e vilas vizinhas aos assentamentos. É comum encontrar nas cidades e regiões sob o controle do Estado de Israel jovens, homens e mulheres, com roupas civis, às vezes vestidos até com bermudas, camiseta e sandália, e com um fuzil pendurado no ombro e uma mochila com munição. Nas ruas, nos ônibus, nas escolas, etc.

## A Questão Palestina e o Fim da URSS e do Bloco Socialista: Início de um Período de Defensiva

De 1988 a 1994, novos personagens surgem e o fim da URSS e do Bloco Socialista desencadeia uma crise também no interior da esquerda palestina. A AL-FATAH empurra a resistência palestina para a mesa de negociação, mas em condições bastante desfavoráveis para o povo palestino. A existência de um bloco de países "socialistas" foi fundamental para fortalecer a posição dos palestinos no cenário internacional, pois essa aliança entre URSS e Bloco Socialista com o Movimento dos Países Não-Alinhados e a Liga Árabe era a garantia de vitória em muitos embates no interior da ONU, fato que contribuiu para que a legitimidade desta luta de libertação

6. Sobre este tema do apartheid, sugerimos o livro de "O apartheid de Israel", do jornalista de origem judaica Nathaniel Braia (Editora Alfa-Ômega).

nacional fosse acumulando cada vez mais força, resultando em sucessivas condenações do Estado de Israel. Infelizmente, as centenas de decisões contrárias à política expansionista/colonialista de Israel não se transformaram em ações concretas e contundentes da ONU, o que só fortaleceu a ideia de ineficiência e desinteresse dos que controlam essa instituição quando o assunto é fazer com que um grande aliado das potências imperialistas cumpra as resoluções aprovadas pela Assembleia Geral ou pela Comissão de Direitos Humanos. O empenho de países como EUA, França, Inglaterra, Espanha, Itália e Alemanha (só para falar de alguns) para que se cumpram Resoluções da ONU muda de acordo com o réu. Se for Israel, total cumplicidade, morosidade e inaplicabilidade da lei, mas sé é o Iraque de Saddam Hussein após distanciamento deste governante dos EUA, então, faça-o cumprir rigorosamente as determinações da ONU, nem que para isso seja preciso matar 100 mil civis iraquianos, como ocorreu em 1991 no ataque militar contra Bagdá.

O fim da URSS e do chamado "Bloco Socialista" tem um profundo impacto nas relações internacionais e no movimento nacional de resistência palestina. A força da esquerda no interior da OLP advinha também das relações e do apoio que esse setor tinha com o "mundo socialista", e da intervenção conjunta desses países nos diversos organismos da ONU. Além disso, os palestinos tinham, até 1991, dois grandes aliados de sua causa no Conselho de Segurança da ONU: URSS e China. As condições eram muito mais favoráveis para aqueles que defendiam a imediata construção do Estado Palestino.

Com o argumento de que precisa adquirir maior credibilidade e dar mais uma demonstração de que está disposta a fazer concessões em seu programa original se isso, de fato, for contribuir para o avanço do processo de paz, a OLP altera seu estatuto em 1988, e reconhece o direito do Estado de Israel existir, ao lado de um Estado Palestino, conforme a Resolução 181, de 1947. Ou seja, a OLP reconhece pela primeira vez a legitimidade do Plano de Partilha da Palestina, antes apresentado pela organização como sendo um instrumento da aliança do sionismo com o imperialismo para ampliar sua influência e exercer a dominação territorial de uma parte estratégica do Oriente Médio. Esta posição da OLP encontrou resistência entre os próprios palestinos, mas as forças que se opuseram a tal mudança de posição se encontravam em situação de minoria, e não conseguiram impedir a vitória dessa proposta, que parte de Yasser Arafat e da direção majoritária de seu partido, a AL-FATAH. Mesmo dentro desse partido surgem posições contrárias as de Arafat, o que prova que precisamos observar, no estudo do caso palestino, as contradições e conflitos não só entre o Estado de Israel e as organizações árabes-palestinas, mas também entre as próprias organizações da resistência palestina.

Os "acordos de paz" firmados com Israel em 1994 alimentam ilusões e ignoram a natureza expansionista/imperialista deste Estado, que negocia e, ao mesmo tempo, faz crescer o número de colônias judias nos territórios palestinos ocupados em 1948 e 1967. Além disso, Israel aplica até hoje uma política de assassinatos seletivos de lideranças políticas palestinas, e de perseguição e prisão em massa. Um resultado dessa política de repressão intensa e permanente são os 8 mil presos políticos palestinos, alguns vivendo nos cárceres israelenses há pelo menos 20 anos. Desses 8 mil, mais de 700 estão condenados a prisão perpétua. Entre 1993 e 2005, apesar de inúmeras reuniões, conferências e acordos firmados entre a Autoridade Nacional Palestina (ANP) e o governo do Estado de Israel, e apesar das expectativas de uma paz duradoura apresentadas pelo presidente palestino eleito em 1996 com

87% dos votos, Yasser Arafat, o que se viu foi uma continuada violação dos direitos humanos e dos direitos fundamentais do povo palestino, assim como a negação do direito nacional à independência e à soberania, deixando ainda mais distante o sonho do Estado Palestino Laico e Democrático. Os dois signatários dos acordos de Oslo de 1993 morreram. Yitzhak Rabin, pelo lado israelense, assassinado por fundamentalistas judeus-sionistas em 1995 e Yasser Arafat, pelo lado palestino, morre em 2004 resultante de problemas de saúde (mas surgem denúncias que afirmam ter sido consequência de envenenamento gradativo). Esses acordos livraram os palestinos do controle militar israelense em algumas cidades e vilarejos de Gaza e Cisjordânia, criando para a população uma situação melhor do que a anterior, com melhores condições para se desenvolver o comércio, a indústria, a agricultura, educação, a saúde, a cultura e o esporte, enfim, para que seja possível construir/reconstruir uma vida cotidiana com um mínimo de dignidade, mas essa nova situação não resolve plenamente grande parte dos problemas econômicos, sociais e políticos da ampla maioria do povo palestino. Os resultados pífios dos acordos e o não cumprimento da quase totalidade dos termos dos mesmos por Israel levam a uma nova situação de impasse que coloca em xeque as posições da direção da OLP e da agora chamada Autoridade Palestina (AP). O não cumprimento de diversas cláusulas dos acordos, entre elas a suspensão da construção de novos assentamentos judeus e da demolição de casas palestinas ajudam a diminuir a credibilidade que parcela do povo palestino depositava na AL-FATAH, ainda mais com as constantes denúncias – que muitas vezes são comprovadas – de corrupção de líderes e membros desta organização.

É nessa conjuntura complexa que ganha projeção como uma alternativa política o partido Hamas. A crise política, ideológica e organizativa dificulta a ascensão da esquerda palestina (FPLP, FDLP, PPP e outros) como força majoritária no movimento de libertação nacional. As denúncias de corrupção e de enriquecimento de muitos dos dirigentes demonstram um processo de degeneração em setores importantes da AL-FATAH. As eleições de 2006 contribuem para acirrar as disputas internas no movimento da resistência palestina, com Hamas vitorioso em Gaza e AL-FATAH na Cisjordânia. A esquerda palestina tem procurado convocar todas as forças progressistas, populares, democráticas e socialistas a se unir num grande movimento nacional de resistência para desencadear novamente uma ofensiva contra as medidas do governo de Israel que visam a acelerar o processo de expropriação de terras do povo palestino, mas parece que todo esse esforço ainda tem sido insuficiente para alterar a correlação de forças dentro e fora da OLP. Quando do ataque militar israelense a Gaza, entre dezembro de 2008 e janeiro de 2009, essa ideia de unidade nacional das forças da resistência palestina adquiriu grande importância, mas até agora parece que existem muitos fatores que ainda impedem que tal proposta volte a ser transformada em realidade. A impressão é que uma unidade política e programática mínima, em torno de alguns pontos de consenso amplamente discutidos com o povo palestino, seria fundamental para tentar se desencadear uma nova ofensiva política, popular e de massas contra o Estado de Israel. A ação unitária de forças como a AL-FATAH, FPLP, FDLP, PPP, Hamas, Jihad Islâmica e demais organizações e partidos políticos palestinos poderia fazer ressurgir nas amplas massas populares do mundo árabe – e no interior de Gaza, Cisjordânia e Jerusalém – a esperança e a disposição necessárias para uma nova retomada da ofensiva deste que é, sem dúvida, um dos mais importantes movimentos de libertação nacional deste início de século XXI. O que temos certeza para afirmar é que, por mais justo, combativo, corajoso e coerente que seja um partido ou uma organização da resistência palestina, de maneira isolada não terá capacidade para impor nenhuma derrota contra o sionismo israelense. Talvez essa unidade entre as três correntes políticas da resistência nacional palestina (nacionalismo laico, nacionalismo islâmico e socialistas/comunistas) possa construir uma frente antissionista/anti-imperialista que obrigue o Estado de Israel a sentar-se à mesa de negociação numa outra correlação de forças, fazendo surgir daí as condições mais favoráveis para se apresentar propostas mais ousadas dos que as atuais, que privilegiam o debate de dois Estados, menosprezando a experiência histórica dos últimos 62 anos que indica que o sionismo não irá recuar um único milímetro em suas conquistas militares de 1948 e 1967. É possível perceber que sobre este tema existem pelo menos três posições:

*1. Os que defendem a criação imediata de um Estado Palestino Laico e Democrático na chamada Palestina Histórica* (em todo o território considerado Palestina antes do Plano de Partilha de 1947): nossa impressão é que tal opinião desconsidera a atual correlação de forças no interior do movimento nacional palestino e entre os palestinos e o Estado de Israel, fazendo de tal proposta mais um instrumento de agitação e propaganda do que uma possibilidade real no momento. É a defesa da estratégia, do objetivo principal a ser atingido sem a mediação das táticas, dos meios e caminhos que levarão até esse objetivo final. E os palestinos sabem que agitação e propaganda são insuficientes para fazer com que triunfem posições que possam levar a profundas transformações econômicas, sociais e políticas naquela região. Organizações nacionalistas islâmicas também defendem tal proposta, com a ressalva de que não se utilizam da expressão Estado Laico, mas simplesmente Estado Palestino.

2. *Os que defendem a posição de dois estados existindo um ao lado do outro, ou seja, o cumprimento do Plano de Partilha da Palestina elaborado pela ONU em 1947.* Essa opinião defende que o Estado de Israel já se consolidou, e agora, portanto, é necessário construir o Estado Palestino. Tal posição abandona o programa original da OLP e os princípios que orientaram a resistência palestina de 1947 a 1994. Entre 1993 e 2005 esta tem sido a proposta da AL-FATAH e outras organizações palestinas. É o abandono da estratégia, é a transformação do meio em fim.

3. *Os que defendem que é preciso acumular forças no atual período da luta nacional palestina.* Que é necessário se organizar melhor para defender e fazer avançar as conquistas já obtidas como resultado das lutas e mobilizações sociais e populares, tentando fortalecer tudo aquilo que tem de positivo nos acordos firmados até agora, criticar e denunciar aquilo que não é de interesse do povo palestino e, ao mesmo tempo, tentar consolidar o controle palestino sobre todo o território de Gaza e da Cisjordânia. Nesse sentido seria importante intensificar as lutas: pela libertação dos presos políticos, pelo direito ao retorno dos refugiados, pela destruição do "Muro da Vergonha", pelo cumprimento das Resoluções da ONU sobre a Questão Palestina, em especial sobre o estatuto de Jerusalém, pelo direito dos palestinos de resistir à ocupação militar israelense por todos os meios que dispõem, para barrar as construções de novos assentamentos judeus-sionistas, para impedir as demolições de casas de palestinos, etc. Essa posição política procura fazer destas e outras lutas parte de um processo de acúmulo de forças que vai construindo no cotidiano as condições mais favoráveis para colocar o movimento nacional palestino na direção do rumo estratégico indicado: um Estado Palestino Laico e Democrático em toda a Palestina Histórica.

Muitos líderes históricos do Estado de Israel já manifestaram no passado o objetivo do movimento sionista em conquistar todo o território da Palestina. Alguns pronunciamentos confirmam esta finalidade:

"Jerusalém é o berço do judaísmo e a legítima capital de Israel (...) A partir de hoje, Tel Aviv deixa de ser nossa capital. Jerusalém será sede de nossa nação" – *Ben Gurion* (foi Primeiro Ministro e Ministro da Defesa de Israel), criticando a Resolução da ONU de 07 de dezembro de 1949, que reafirmava que Jerusalém deveria estar sob o controle desta organização internacional, como previa o Plano de Partilha de 1947 (NIMITZ, 1974, p. 110).

"Eu sou a favor da partilha do país porque quando nós nos tornarmos uma grande potência, depois do estabelecimento do Estado, iremos abolir a partilha e nos espalhar pela Palestina" – *Ben Gurion* (GATTAZ, 2002, p. 104).

"O Estado judeu que agora é oferecido para nós não é o objetivo sionista. Dentro desta área não é possível resolver a questão judaica. Mas pode servir como uma etapa decisiva em direção à implementação do sionismo. Irá consolidar na Palestina, no menor tempo possível, a real força judaica que irá nos levar a nosso objetivo histórico" – *Ben Gurion* (Idem, 2002, p. 104).

"Tal como existe atualmente, Israel é apenas uma parte do 'Grande Israel' (Eretz Israel), e a missão sionista permanece incompleta até que Israel recomponha suas 'fronteiras históricas' [...] O mapa de Israel precisa ser modificado. Cabe a vocês lutarem sem trégua a fim de estabelecer, por invasão ou diplomacia, o Império de Israel" – *Ben Gurion,* em discurso para estudantes da Universidade Hebraica (ALENCASTRE, 1968, p. 149 e 150).

"Entre o Mediterrâneo e as fronteiras do Iraque, no que foi outrora a Palestina, existem agora dois países, um judeu e um árabe, e não há espaço para um terceiro. Os palestinos devem encontrar a solução para seu problema junto com aquele país árabe, Jordânia, porque um *Estado Palestino* entre nós e a Jordânia só pode se tornar uma base da qual será ainda mais conveniente atacar e destruir Israel" – *Golda Meir* (foi embaixadora de Israel na URSS, Ministra do Trabalho, Ministra das Relações Exteriores e Primeira-Ministra de Israel), demonstrando sua completa oposição à criação de qualquer "Estado Palestino", inclusive o sugerido pela ONU (MEIR, 1982, p. 299).

"Nosso povo está incumbido de preparar a guerra, e o exército israelense de dirigir o combate com o fim de construir o império israelense" – *Mosche Dayan* (foi Ministro da Defesa e Ministro das Relações Exteriores de Israel) (ALENCASTRE, 1968, p. 149).

Tais declarações de figuras bastante influentes do movimento sionista demonstram as intenções dos sucessivos governos do Estado de Israel. Orientados por ideias colonialistas e racistas, que acreditam num suposto "povo eleito" para governar toda a Palestina histórica, não fazem concessões quando o tema diz respeito ao direito do retorno dos refugiados palestinos expulsos em 1948 e 1967, ou quando se exige o fim de novos assentamentos judeus em território palestino, ou ainda a desocupação e desmonte de assentamentos que estão em situação irregular e ilegal de acordo com a Resolução 181 da ONU (Plano de Partilha de 1947).

# Impressões de uma Viagem à Palestina

Entre maio e junho deste ano estive conhecendo várias cidades na Palestina. Junto com Dafne Melo, jornalista do periódico Brasil de Fato, fomos para Tel-aviv, Jerusalém e Haifa, cidades atualmente sob o controle do Estado de Israel, e Ramallah, El-Bireh, Belém, Ni´lin, Bil´in, Beat-Sahour, Hebron e vários vilarejos na Galileia (Sakhnin, Al Abbasiyah e outras), todas cidades e vilarejos concentrados na Cisjordânia, considerada na atualidade como território palestino com certa autonomia em relação ao Estado de Israel. Nossa viagem foi resultado de um processo de diálogo e cooperação com organizações sociais e políticas que defendem o direito do povo palestino de construir seu Estado. Fomos convidados para participar da 2ª Conferência de Haifa (organizada por movimentos da esquerda árabe-israelense e palestina, por intelectuais progressistas e professores e estudantes da Universidade de Haifa e outras instituições acadêmicas). As principais resoluções desta conferência foram: 1. Criar uma comissão para dar sequência aos debates e encaminhamentos aprovados; 2. Elaborar um documento final da Conferência; 3. Organizar a 3ª Conferência de Haifa em 2011, na Turquia, para facilitar a participação dos refugiados palestinos; 4. Organizar encontros de solidariedade com o povo palestino em todos os países das delegações presentes, com sugestão de data para a semana do dia 29 de novembro, dia internacional de solidariedade ao povo palestino; 5. Fortalecer a luta pelo boicote aos produtos israelenses; 6. Fortalecer a luta contra a manutenção do bloqueio à Gaza; 7. Fortalecer a luta pela libertação dos presos políticos palestinos; 8. Defender a constituição de um Estado Palestino Secular e Democrático na Palestina His tórica. Durante o encontro, aproveitamos para conhecer melhor o trabalho de organizações como a União dos Comitês de Trabalhadores Agrícolas, a União dos Comitês de Mulheres Palestinas, o Comitê de Acompanhamento e Apoio aos Presos Políticos, a União dos Comitês de Saúde Palestinos, o Comitê Popular da Comunidade de Silwan (Jerusalém Oriental), o movimento de esquerda árabe-israelense-palestino Abnaa Al Balad Movement (Movimento Filhos da Terra), etc.

## Os Palestinos em Jerusalém Oriental: o Caso das Demolições de Casas em Al Bustan-Silwan

Em Jerusalém Oriental conhecemos a comunidade de *Al Bustan-Silwan*. Neste bairro, onde vivem 50 mil pessoas, a prefeitura iniciou um movimento de demolições de casas com o argumento de que por ali andava, no passado, o Rei Davi e, por isso, o governo e a prefeitura estão emitindo ordens de despejo e demolição de casas para a construção do Parque Rei Davi. Cerca de mais de 20 casas já foram demolidas, mas no projeto que tem serão pelo menos 88 moradias, de famílias que vivem lá desde antes de 1948. Vimos uma casa que foi construída em 1850. Serão prejudicadas por esse projeto cerca de 1500 pessoas. Visitamos a sede do Comitê Popular de Silwan, instrumento de organização da resistência popular, com militantes de diferentes organizações e experiências de luta. É uma ferramenta que está sendo construída em várias cidades e comunidades palestinas: os Comitês Populares. Na sede do comitê as faixas dizem: "Não vamos a lugar nenhum, continuaremos em Al-Bustan!", "Não à judaicização, não à indenização!", "Por nossa vida, lutaremos por nossa terra, símbolo de nossa dignidade e nosso orgulho!". Segundo a prefeitura, todo o bairro é ilegal, apesar dos moradores apresentarem testemunhos e documentos comprovando que suas famílias vivem ali desde antes de 1948. A prefeitura tem um plano, Plano 20-20, para "limpar" Jerusalém dos palestinos-árabes-muçulmanos. É o que na atualidade as organizações de direitos humanos chamam de política deliberada de "judaicização de Jerusalém".

O Comitê Popular não é contra judeus, nem contra parques, dizem as lideranças. Só querem viver em paz com suas famílias. Falaram das consequências sociais, humanas, econômicas e psicológicas que as demolições trazem para as pessoas. A maioria das pessoas só tem como patrimônio suas casas. Procuram melhorar suas condições de moradia, reformam e ampliam suas casas e, depois, vem o oficial de justiça, o funcionário da prefeitura, com apoio da polícia e do exército, e expulsam as famílias, dão o prazo de 48 horas para a família sair da casa. As crianças crescem nesse ambiente de destruição, de repressão, de conflito, e crescem se perguntando "por que os judeus querem nos expulsar? Expulsaram meus avós, e agora querem expulsar meus pais?". No dia que estávamos lá as crianças e jovens tinham acabado de entrar em confronto com a polícia, e o bairro estava cercado por barricadas da resistência popular de Silwan. Foi impressionante ver a participação ativa e organizada das crianças e jovens, com o apoio dos pais e familiares, que incentivam a participação política deles nas lutas sociais por terra e pela independência. Percebemos que na Palestina é um orgulho para uma mãe ou para um pai ver seu filho participando e se destacando nas lutas populares contra a ocupação militar sionista.

Conversamos com moradores desse bairro que relataram que não podem sair de Jerusalém Oriental, que estão presos nessa região, pois não tem autorização para ir até o outro lado da cidade, não podem ir rezar na Mesquita de Al-Aqsa, por exemplo, um dos templos mais sagrado do islamismo.

Eles podem até ver o lado Ocidental de Jerusalém, e até olhar à distância para a Esplanada das Mesquitas, mas não podem entrar lá. Vivem a poucos minutos da cidade velha, mas não podem circular por lá. A prefeitura vive reafirmando que o bairro é ilegal, mas cobra impostos dos moradores pelo tamanho da casa. Essa insegurança e incerteza permanentes, sobre a possibilidade de sua casa ser destruída, têm um grave efeito psicológico, pois ninguém pode viajar, ninguém quer se ausentar por dois dias ou mais, com medo de que, quando retorne, sua casa está demolida. Um morador nos relatou um caso concreto: um aluno muito estudioso começou a diminuir seu rendimento escolar, começou a ficar desanimado, perdeu o interesse pelo estudo. Um dia o pai foi chamado à escola, e a professora disse que encontrou na bolsa do aluno vários brinquedos e jogos, que ele levava todos os dias para escola. O pai chegou em casa e foi conversar com seu filho, perguntou por que estava levando jogos/brinquedos para a escola. A criança respondeu que ouviu os pais falando que receberam uma intimação e que poderiam destruir sua casa a qualquer momento, e o menino entrou em pânico, ficou preocupado/angustiado, com medo, e disse que levava os brinquedos para que não fossem destruídos pelos tratores. Outra situação que se repete no bairro é o sequestro de crianças pela polícia. Como este bairro se tornou um exemplo de luta e resistência, a polícia iniciou um processo de prisão/sequestro de crianças e jovens, que gerou pânico e indignação entre as famílias. Os carros de polícia andam pelo bairro, pegam um jovem, levam para a delegacia, fazem um interrogatório, intimidam, querem nomes de lideranças, de organizações, pressionam, fazem uma tortura psicológica num primeiro momento, aí este jovem já fica conhecido, se for pego mais uma vez, pode ser indiciado, ser processado, ficar na cadeia. Muitos jovens desta comunidade são presos políticos. Alguns não ficam na cadeia, mas são monitorados e ficam em prisão domiciliar. Ouvimos também depoimentos de familiares de uma criança de 10 anos, um menino, que já havia sido preso pela polícia 3 vezes.

## Nas Terras Palestinas da Galileia: Ocupação Militar, Demolição de Casas e Construção de Novos Assentamentos Judeus

No dia 30 de maio fizemos uma viagem por várias comunidades na Galileia, por terras onde as famílias palestinas foram expulsas entre 1948 e 1967. Fomos até a cidade de *Sakhnin*, onde conhecemos uma obra do artista plástico Gershon Knispel (que atualmente vive no Brasil) num cemitério muçulmano, em homenagem aos mártires que foram assassinados por Israel durante a Intifada Palestina (rebelião popular, "o levante"). Fomos acompanhados por Ali Zbeidat, membro do Comitê Popular, uma ferramenta de luta e de organização da comunidade onde participam militantes de várias organizações palestinas. Sua casa está sob ameaça de demolição. Várias famílias já foram várias vezes advertidas pela polícia e muitos de seus membros presos por resistirem à ordem de demolição. Com o apoio da comunidade, Ali e sua família se mantém no local onde viveram seus pais e avós. A comunidade está sendo sitiada/cercada por assentamentos judeus ilegais, pois o governo de Israel assumiu o compromisso com a comunidade internacional de não expandir determinadas áreas de assentamento, mas tal medida não vem sendo cumprida. Observamos muitas obras de expansão, muitas máquinas e novas construções de assentamentos, avançando a toda velocidade contra terras palestinas. Também visitamos uma vila árabe-palestina destruída em 1948, *Al Abbasiyah*, onde o povo foi sendo expulso e assassinado por terroristas da Haganá (organização terrorista sionista-judaica), que explodiram todas as casas do vilarejo. O povo que ficou na região foi tentando resistir, mas em 1967 aumenta a repressão contra esse vilarejo, chegando ao ponto de fecharem a Mesquita e proibir os palestinos de rezar. Várias manifestações foram feitas para garantir o direito de rezarem nessa Mesquita, mas foram reprimidas. Além disso, como forma de "estimular" a migração da população palestina que vivia em *Al Abbasiyah*, o exército israelense destruiu toda a plantação de oliveiras, arrancando as árvores com as raízes e plantando no lugar onde antes era o vilarejo com as oliveiras eucalipto e pinus, duas árvores que destroem toda a biodiversidade do local onde são plantadas. A Mesquita foi fechada, com cimento nas portas e janelas, com arame farpado e uma grade em torno dela, para impedir a entrada de pessoas. E toda a área do vilarejo pertence hoje a uma colônia judaica/a um assentamento sionista. Na Galileia também visitamos um acampamento de beduínos, que virou um vilarejo no alto de um vale, onde vivem cerca de 100 famílias, bem em frente a um assentamento judeu-sionista em expansão. Muitos se dedicam à agricultura e à pecuária (criação de cabras), ou procuram trabalho na cidade mais próxima (Sakhnin).

## Em Hebron (Al-Khalil): Palestinos Proibidos de Visitar o Túmulo de Parentes num Cemitério Muçulmano na Cidade Velha

Hebron (Al-Khalil em árabe) existe há 4 mil anos. Possui cerca de 167 mil habitantes, entre árabes e judeus. A cidade foi ocupada por tropas israelenses em 1967, e assim teve início a construção de assentamentos judeus-sionistas. Em 1994, enquanto ocorriam as negociações de paz entre a OLP, colonos judeus-sionistas dos assentamentos invadiram a Mesquita de

Abraão e atiraram no povo, dentro da Mesquita, enquanto todos rezavam. Dezenas de palestinos foram mortos neste dia. Na Mesquita de Abraão tomamos contato direto com um símbolo e um exemplo da tolerância muçulmana diante de outras religiões, pois visitamos a "Tumba de Abraão", onde estão os restos mortais do profeta que foi o fundador da religião judaica. Para nossa surpresa, este monumento sagrado dos judeus foi preservado e protegido pelos palestinos durante a expansão do islamismo na região. Quem cuida e preserva esse patrimônio histórico-cultural são árabes-palestinos muçulmanos. Durante a visita a esta cidade vivemos uma situação de causar indignação. Fomos andando pela parte mais antiga de Hebron. Chegamos num determinado local e o palestino que nos acompanhava disse: "Sigam por ali, entrem no bairro onde está hoje um assentamento judeu e nos encontramos do outro lado". Seus familiares vivem há séculos na cidade, mas ele não pode ir para o outro lado da cidade por aquele caminho, tomado por tropas israelenses em 1967. É uma rua que começa com muito movimento e comércio, muita gente andando tranquilamente com suas famílias, como em qualquer cidade do mundo. Então andamos uns 150 metros adiante e vemos um checkpoint (posto de controle) do exército de Israel, dentro do centro da cidade, que faz parte do território palestino da Cisjordânia. A rua vai ficando vazia. Os soldados exigem documentos, revistam bolsas e pessoas, impedem a livre circulação, por determinação do governo do Estado de Israel. Muitos militares patrulham essa "fronteira" que separa o lado árabe-palestino do lado judeu-sionista da cidade velha de Hebron. Somos atentamente observados e acompanhados pela patrulha. Entramos no território onde hoje está o assentamento judeu-sionista. Andamos uns 500 metros e nos deparamos com um cemitério árabe-muçulmano abandonado, praticamente destruído após a ocupação militar israelense de

1967. Desde essa data cidadãos palestinos de Hebron não podem mais visitar seus parentes enterrados neste cemitério. Neste lado controlado por soldados e por colonos armados vivem cerca de 500 famílias judias, onde antes viviam cerca de 5 mil famílias palestinas. Parecia uma cidade fantasma. Vazia, com casas e lojas fechadas, abandonadas, destruídas. Desde 1967, nesta parte da cidade, qualquer família judia têm autorização de ocupar qualquer casa ou comércio que ainda esteja vazio. Detalhe: casas e comércio nessa área são de propriedade dos palestinos, que foram expulsos em 1967 e nunca nem forem indenizados pelo governo israelense.

## O Bloqueio Econômico e Militar de Israel contra Gaza: mais uma Violação dos Acordos de Paz e das Resoluções da ONU

Gaza é uma região onde vivem aproximadamente 1,5 milhão de pessoas, e se encontra numa situação difícil, pois é controlada militarmente por Israel. O Exército impõe um bloqueio econômico. Os soldados israelenses impedem a chegada de alimentos, remédios, mantimentos, materiais para infraestrutura e controla Gaza por céu, terra e mar. Sufocam economicamente Gaza, tentam matar de fome os palestinos. Mas a impressão que temos é que essa postura ofensiva e agressiva de Israel só tem feito aumentar a solidariedade internacional com o povo palestino. A violência do Estado de Israel acabou obrigando que os palestinos desenvolvessem uma economia autossustentável. Nos territórios palestinos existe uma série de pequenas indústrias, comércios, pequena agricultura se desenvolvendo, tanto em Gaza como na Cisjordânia. São iniciativas para minimizar o sofrimento da população e tentar produzir o máximo de mercadorias dentro do seu território, para depender o menos possível de Israel e da importação de produtos dos países árabes.

Durante nossa viagem um grupo de internacionalistas vindos da Turquia, com uma pequena frota de barcos conhecida como "Frota da Liberdade", que traziam remédios, alimentos e brinquedos, tentavam entrar no litoral de Gaza, território autônomo palestino desde 1994, após os acordos de paz firmados entre o governo israelense e a Autoridade Nacional Palestina. Composta por três navios que levavam 750 ativistas e três outros com 10 mil toneladas de carga para Gaza, foram interceptados em águas internacionais. Imagens e relatos de testemunhas mostraram a violência e intolerância dos soldados israelenses, que atiraram contra civis desarmados de dentro dos helicópteros e dos barcos que usavam para reprimir a missão humanitária de apoio ao povo de Gaza. Quando fizeram a abordagem e ingressaram no interior dos navios, novos disparos foram vistos e ouvidos por testemunhas que estavam a bordo.

Segundo a ONU, Israel não poderia impedir a livre circulação de pessoas e/ou mercadorias nessa região, já que não existe nenhuma lei ou resolução que permita que o Estado de Israel exerça o controle militar do litoral de Gaza. O ataque das Forças Armadas israelenses à frota humanitária que levaria ajuda aos palestinos da Faixa de Gaza só explicitou mais uma vez a desobediência e o completo menosprezo dos sucessivos governos de Israel perante todas as resoluções da ONU relacionadas a este conflito e perante todos os tratados inspirados nos princípios do Direito Internacional Humanitário. Fica evidente, mais uma vez, a absoluta falta de compromisso e de interesse do governo israelense com uma solução política, pacífica e diplomática para a Questão Palestina.

Também a repressão contra os barcos que tentam entrar e sair desse território palestino se constitui em mais uma ação arbitrária e ilegal por parte das autoridades militares israelenses. Em 30 de maio uma operação das forças armadas de Israel contra os barcos que se dirigiam à Gaza resultou no assassinato de 9 pessoas, além de 16 feridos e vários presos. Tentamos entrar em Gaza, mas o rigoroso e ilegal controle militar israelense nos impediu de cumprir esse objetivo humanitário, pois nossa intenção era ver com os próprios olhos a destruição e o massacre promovido por Israel contra a população civil, que vem sofrendo inúmeras privações desde a última grande ofensiva militar israelense, entre dezembro de 2008 e janeiro de 2009.

## O Fracasso dos Estados Unidos e da União Europeia (UE) nas Negociações de Paz e a Necessidade de Novos Interlocutores no Cenário Internacional

Enquanto EUA e UE estiverem no comando das negociações de paz entre palestinos e governo de Israel não existe possibilidade alguma de uma paz justa e da construção do Estado Palestino, pois eles representam os interesses do imperialismo e do sionismo, são os mais interessados na divisão de todos os povos que hoje vivem no chamado Oriente Médio e no mundo árabe-muçulmano. As potências imperialistas que sempre trouxeram dor e sofrimento para os povos daquela região estão incapacitadas de dar uma resposta progressista e humanitária à Questão Palestina.

É urgente construir uma articulação internacional que passe pelo Movimento dos Países Não-Alinhados, pela

Liga dos Estados Árabes (Liga Árabe), pela União Africana, pela União das Nações Sul-Americanas (UNASUL), pela Alternativa Bolivariana dos Povos da América – Tratado de Cooperação entre os Povos (ALBA-TCP) – e pela Comunidade dos Estados Latino-Americanos e Caribenhos – CELAC, pois assim é possível tentar formar um grupo de países mais sensíveis aos problemas do povo palestino. Não podemos mais permitir que os representantes do colonialismo/imperialismo, responsáveis pelos conflitos e guerras que ocorreram – ou que ainda ocorrem – na região do Oriente Médio sejam os mesmos que vão ter o direito de continuar intervindo em questões fundamentais relacionadas aos direitos inalienáveis do povo palestino. É de causar indignação ver os símbolos dos EUA e da UE em projetos sociais e escolas dos territórios palestinos, pois os mesmos que hoje enviam alguns punhados de dólares e euros como forma de compensar a destruição causada por 62 anos de ocupação militar sionista, são os que nunca tiveram vontade ou coragem para barrar a máquina assassina israelense, que continua ceifando vidas de crianças e civis todos os dias, desfrutando de uma impunidade e de uma cumplicidade dos governos imperialistas e da ONU, que só sabe redigir Resoluções que nunca saem do papel, a não ser que seja contra países como Irã e Coreia do Norte.

Que o povo palestino possa construir nos próximos anos uma gigantesca e poderosa força social e política de massas, capaz de traduzir a justiça de sua causa e de unir todos aqueles movimentos e organizações que são as legítimas representantes das aspirações nacionais e sociais dos trabalhadores e trabalhadoras desta pátria que um dia há de ser verdadeiramente livre, independente e soberana.

# Referências

ALENCASTRE, Amílcar. *O desafio de Israel.* Rio de Janeiro: Editora Leitura, 1968.

ARAFAT, Yasser e outros. *Soberania e Autodeterminação* – A luta na ONU: discursos históricos. São Paulo: Expressão Popular, 2007

BRAIA, Nathaniel. O Apartheid de Israel – Racismo, agressão e usurpação: os focos do conflito atual. São Paulo: Alfa-Ômega, 2002.

GATTAZ, André. *A Guerra da Palestina* – Da criação do Estado de Israel à Nova Intifada. São Paulo: Usina do Livro, 2002.

HERZL, Theodor. *O Estado Judeu.* Rio de Janeiro: Garamond, 1998.

NIMITZ, Oscar. *Ben Gurion.* Rio de Janeiro: Editora Três,1974.

MEIR, Golda. *Minha Vida.* Rio de Janeiro: Bloch Editores, 1974.

# ESTUDO DE CASO DE UMA POPULAÇÃO IDOSA RESIDENTE EM INSTITUIÇÃO PRIVADA DE LONGA PERMANÊNCIA NO MUNICÍPIO DE SANTO ANDRÉ: PERFIL SOCIOECONÔMICO E FINANCEIRO.*

MAUREN ELLEN GOMES**

ADILSON ALVES***

---

* Parte do trabalho de Iniciação Científica financiado pelo Centro Universitário Fundacão Santo André – CUFSA.

** Aluna do Curso de Graduação em Ciências Econômicas do CUFSA.

*** Orientador, Professor Doutor em Saúde Pública – Faculdade de Saúde Pública da Universidade de São Paulo –FSP-USP, Mestre em Ciências Econômicas – PUC-SP, Economista –PUC-SP e Filósofo – FFLCH-USP.

**Resumo**

O envelhecimento acelerado da população idosa no Brasil levará a um aumento da demanda por Instituições de Longa Permanência para Idosos – ILPIs. Nesse contexto, este estudo exploratório – analítico e descritivo com abordagem qualitativa e quantitativa foi desenvolvido em uma ILPIs no município de Santo André. O objetivo foi o de estudar o perfil socioeconômico e financeiro das pessoas idosas residentes nessa instituição. Os resultados encontrados mostraram a preponderância do sexo feminino, fortes vínculos familiares, que os residentes viviam com parentes ou sozinhos antes da institucionalização, que a iniciativa da institucionalização foi em sua maioria dos filhos, que os residentes tinham boas condições financeiras, com trabalho no setor formal da economia, previdência social e fontes adicionais de renda. Isso sugere uma instituição diferenciada que atende uma camada privilegiada da população, o que não é a realidade da maioria dos idosos nos municípios brasileiros.



**Palavras-Chaves**

Institucionalização de idosos, envelhecimento da população, recursos financeiros, gerontologia.



**Abstract**

The fast aging of the elderly population in Brazil will lead to an increased demand for Long Permanence Institutions for the Aged – LPIAs. Therefore, this exploratory study – analytical and descriptive qualitative and quantitative approach was developed in the Long Permanence Home for the Aged Felicita Ltda. in Santo André. The objective was to study the financial and socioeconomic profile of older people sheltered in that LPIAs. The results showed a preponderance of females, strong family ties, which housed with relatives or living alone before the institutionalization of the initiative has been institutionalized in most of the children, which had housed the best financial condition in the industry formal economy, social security and additional sources of income. This suggests a different institution that serves a privileged stratum of the population, which is not the reality of oldest people in municipalities.

**Keywords**

Institutionalization of the elderly, aging population, financial resources, gerontology.

# Introdução

O Brasil está passando por uma intensa transformação no perfil da população nas últimas décadas. A faixa demográfica que mais cresce é a das pessoas acima de 60 anos. Segundo o Instituto Brasileiro de Geografia e Estatística – IBGE, o Brasil será até 2025 o sexto país do mundo em número de idosos, com mais de 32 milhões de pessoas nessa condição (IBGE, 2000). Dados recentes demonstram que hoje essa população corresponde a 11,0% dos brasileiros, ou 21 milhões de pessoas (PNAD, 2008).

Em termos regionais, o município de Santo André em São Paulo também apresenta um perfil de envelhecimento acelerado de sua população. O índice de envelhecimento da população desse município foi de 62,99% em 2009. Ou seja, 20,83% da população andreense tinham menos de 15 anos versus a população com 60 anos e mais que correspondeu a 13,12%, nesse mesmo período. Esse índice é o segundo maior com relação às sete cidades que fazem parte do Grande ABC. Em primeiro lugar ficou o município de São Caetano do Sul com 105,1% (ATLAS DE COMPETITIVIDADE DA INDÚSTRIA PAULISTA, 2010). Isso sugere que a transição demográfica em Santo André está em estágio avançado e que a população abaixo de 15 anos apresenta uma taxa de crescimento menor do que a população de 60 anos ou mais.

Essa mudança é resultado de um conjunto de variáveis, tais como: a queda na taxa de mortalidade geral e infantil e na taxa de fecundidade, os avanços tecnológicos da medicina, o investimento em saneamento básico e uma cobertura mais ampla dos serviços de saúde, que permitem uma elevação na expectativa de vida dos brasileiros. Cabe mencionar que são considerados como idosos todos os que compõem a população de 60 anos ou mais, tal como definido pelo Estatuto do Idoso (Mendonça, 2007).

O processo de envelhecimento, em geral, vem acompanhando por problemas econômicos e de saúde, perda da autonomia, doenças crônicas e degenerativas, perda de vínculos familiares, e morte de cônjuges e de familiares mais próximos. Dessa forma é cada vez maior o número de idosos com problemas e que apresentarão um ou mais fatores de comprometimento de suas Atividades da Vida Diária – AVDS e que necessitarão de cuidados. Embora o papel de cuidar, pelas normas culturais, na maioria dos países ocidentais seja da família, e, principalmente da mulher, cabendo ao homem o sustento material do grupo (ALCÂNTARA, 2004), a inserção das mulheres no mercado de trabalho as torna cada vez mais indisponíveis para cuidar dos idosos. Saad (1999) alerta para o fato de que a sociedade deve se planejar em função do envelhecimento populacional.

Nesse aspecto a sociedade reconhece cada vez mais que a tarefa de cuidar dos idosos deve ser dividida, compartilhada (PAPALÉO NETTO, 2007). O envelhecimento se dá através de um processo longo na atualidade, e para cada fase desse processo há uma demanda específica; social, cultural e de saúde. Trata-se então, de uma questão de interesse da sociedade e dos órgãos públicos.

Uma opção para idosos que necessitem de cuidados é a institucionalização. Na língua portuguesa, institucionalização é o ato de instituir; criação, estabelecimento, associação ou organização de caráter social, educacional, filantrópico. Institucionalizar, por sua vez, é dar caráter de instituição (FERREIRA, 1986, p. 953).

As ILPIs, são instituições asilares tradicionais que representam uma das modalidades de cuidados de longa duração dirigidos para idosos com algum grau de dificuldade para a execução das atividades da vida diária, sem renda e/ou aqueles cuja família não possui meios financeiros, físicos ou emocionais para a prestação dos cuidados necessários. Essa modalidade de cuidados está definida pela portaria Seas nº 2.854/2000.1. Para o Ministério do Desenvolvimento Social (MDS), órgão atualmente responsável pela política das ILPIs, o atendimento integral institucional é aquele prestado em uma instituição asilar, que deve oferecer serviço nas áreas social, psicológica, médica, de fisioterapia, de terapia ocupacional e outras atividades específicas para esse segmento populacional (CAMARANO, 2007).

Pesquisas recentes apontam para quase 6 mil ILPIs no Brasil, abrigando cerca de 100 mil idosos (SOUZA, 2008). Até 2007 existiam 30 ILPIS instaladas em Santo André e em funcionamento, o que correspondia a uma população de aproximadamente 700 pessoas (Encontro Municipal de Instituições de Longa Permanência AMVS, 2007). Se considerarmos que a população de Santo André correspondia a 679.753 pessoas em 2009, das quais 13,12% idosas ou 89.183 pessoas (ATLAS DE COMPETITIVIDADE DA INDÚSTRIA PAULISTA, 2010), sendo aproximadamente 700 institucionalizadas, teremos uma taxa de institucionalização aproximada de 0,78%. Em termos comparativos a taxa de institucionalização da cidade de Campinas, no interior do Estado de São Paulo, foi de 0,9% para as mulheres e de 0,3% para os homens. (CHAIMOWICZ & GRECO, 1999) e na região Sudeste de 0,6, para ambos os sexos (CAMARANO, 2010). Trata-se de um valor reativamente baixo, principalmente se considerarmos que, provavelmente milhares de idosos no município de Santo André estão em situação precária, seja em companhia dos familiares ou em abandono. A baixa oferta de instituições, altos custos, preconceitos e o fato dos idosos preferirem o cuidado de suas famílias são alguns dos fatores que explicam a baixa proporção de idosos residindo nas ILPIs (CAMARANO, 2010).

Dados do suplemento de saúde da Pesquisa Nacional por Amostra de Domicílios (PNAD) de 2008 apontam para a existência de aproximadamente 1,4 milhão de idosos com dificuldades para as atividades básicas da vida diária (comer, tomar banho e/ou ir ao banheiro sozinho) vivendo na região nesse ano (CAMARANO, 2010). Nesse contexto, o objetivo principal desse trabalho é o de caracterizar o perfil socioeconômico e financeiro dos residentes em uma ILPIs, de caráter privado e com fins lucrativos. Trata-se de um trabalho pioneiro no município de Santo André - São Paulo e se justifica pelos seguintes aspectos: a) escassez de pesquisas nacionais sobre a institucionalização de idosos, tanto no setor público quanto no setor privado; b) crescente demanda por ILPIs no Brasil, constituindo-se em um novo mercado de prestação de serviços dado o rápido envelhecimento da população; e c) conhecer o perfil socioeconômico e financeiro do residente dessa instituição na região do Grande ABC e fornecer subsídios para a melhor compreensão desse fenômeno atual, favorecendo a elaboração de políticas para a melhoria da qualidade de vida desse contingente populacional.

## MATERIAL E MÉTODOS

*Tipo de Estudo*

Trata-se de um estudo exploratório - analítico e descritivo com abordagem quantitativa e qualitativa. O delineamento adotado foi o estudo de caso. O estudo de caso é uma estratégia metodológica utilizada quando se colocam questões do tipo como e por que, quando o pesquisador tem pouco controle sobre os eventos e quando o foco se encontra em fenômenos atuais inseridos em algum contexto de vida real (YIAN, 2003). Esse tipo de estudo considera uma unidade do universo pesquisado – no caso do presente estudo, uma instituição privada de longa permanência para idosos – e, embora não permita a inferência para populações e universos, possibilita a generalização teórica (analítica) do caso a ser estudado (FACHIN, 1993).

*Caracterização e Critério de Escolha da Instituição Estudada*

A instituição em estudo foi escolhida por conveniência devido à possibilidade e facilidade para a coleta dados entre as cerca de 30 ILPIs de mesmo perfil atuando no município de Santo André em 2009. É uma instituição privada com fins lucrativos, e que atende aos idosos independentes, semidependentes e com problemas cognitivos em regime de moradia e/ou longa permanência e centro dia.

*Coleta de Dados*

A coleta de dados foi feita a partir de entrevistas semiestruturadas com todos os residentes e seus familiares. Contou também com informações do responsável pela instituição, de modo a aprofundar aspectos relevantes da população estudada. Os questionários foram aplicados no período de 03/2009 a 06/2009 totalizando 27 entrevistas. Vale mencionar que cinco entrevistas foram realizadas diretamente com os idosos (independentes), em outras dezessete entrevistas houve ajuda de familiares (para os idosos semidependentes) e as demais cinco entrevistas (idosos com comprometimento cognitivo) foram realizadas apenas com os familiares. Para definir o grau de dependência dos idosos foi adotado o padrão da Agência Nacional de Vigilância Sanitária – ANVISA de 2007.

*Análise Estatística*

Por se tratar de um universo não-probabilístico, mas intencional, não foi realizada inferência estatística. Foram utilizadas estatísticas descritivas como amplitudes de variação, proporções e médias e um estudo qualitativo com a elaboração de categorias de análise.

Após a assinatura do termo de consentimento por parte do responsável pela instituição foi feita a coleta de dados.

# RESULTADOS E DISCUSSÃO

Neste item são apresentados os resultados referentes à instituição estudada.

*Características Gerais da Instituição*

A instituição estudada é privada com fins lucrativos, perfil correspondente a 93% das ILPIs em Santo André. Teve seu início de funcionamento no dia sete de setembro de 2006. A instituição não tem registro de filantropia e possui CNPJ estando formalmente constituída desde essa mesma data. Possui um estatuto desde abril de 2007 e assina um contrato com seus residentes ou familiares.

A instituição funciona em regime aberto, ou seja, não define horários para a entrada de visitantes e para a saída/circulação dos residentes. As visitas recebidas pelos residentes são registradas.

Tem uma capacidade de ocupação para atender 30 idosos,

e conta com doze profissionais, sendo cinco de nível superior e os demais de nível técnico. Está de acordo com a resolução RDC n. 283 da Agência Nacional de Vigilância Sanitária – ANVISA de 26 de setembro de 2005, que normatiza o funcionamento das ILPIs.

*Perfil do Residente*

*Identificação*

Dos 27 residentes, 22 eram do sexo feminino (81,5%) e 5 do sexo masculino (18,5%). A maioria estava na faixa etária entre 80 anos ou mais, sendo 17 mulheres e 3 homens, ou 63,0% e 11,1%, respectivamente, do total dos residentes. A proporção do contingente feminino é mais expressiva quanto maior a idade, fato explicado pela mortalidade diferencial do sexo, levando a conclusão de que o mundo dos muito idosos é um mundo feminino (Gráfico 1). Isso está de acordo com a maior expectativa de vida do sexo feminino e também tem sido observado em outros estudos que relatam a feminilização do envelhecimento no Brasil (YAMAMOTO & DIOGO, 2002; DAVIM et. al, 2004; CAMARANO, PASINATO & LEMOS, 2007; DEBERT, 1999).

Outro aspecto importante é que a predominância feminina entre os idosos ocorre nas áreas urbanas. Nas áreas rurais predominam os homens. A maior participação das mulheres no fluxo migratório rural/urbano explica essa diferença (CAMARANO, 2003).

Gráfico 1. Distribuição proporcional da população de idosos residentes na ILPIs, por idade e sexo - 2009

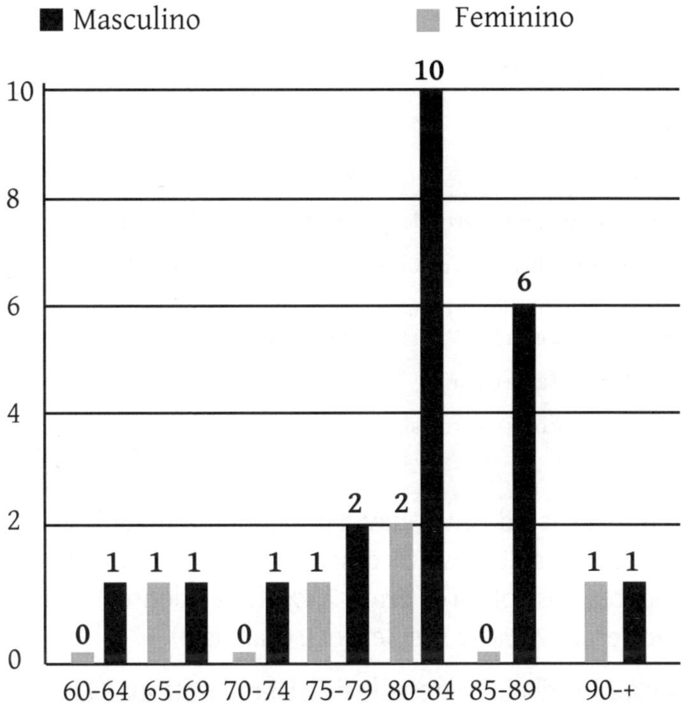


Fonte: Elaboração própria a partir dos dados coletados na ILPIs, 2009.

Quanto ao local de nascimento, a maior parte dos idosos da instituição (56,6%) nasceu no Grande ABC, com destaque para o município de Santo André com 8 residentes, ou 29% do total. Do interior de São Paulo vieram 10 residentes, ou 37% do total (Tabela 1).

Tabela 1. Local de nascimento dos abrigados na ILPIs, 2009.

| Local | N. | % |
|---|---|---|
| **Grande ABC*** | 15 | 55,6 |
| **Interior de São Paulo**** | 10 | 37,0 |
| **Outros Estados***** | 1 | 3,7 |
| **Exterior****** | 1 | 3,7 |
| **Total** | **27** | **100,0** |

Fonte: Elaboração própria a partir dos dados coletados na ILPIs, 2009.

*Santo André (8); São Bernardo do Campo (2) e São Caetano do Sul (5).

**Dois Córregos (1); Elisário (1); Espírito Santo do Pinhal (1); Itatiba (1); Presidente Bernardes (1); São João da Boa Vista (1); Tiete (1); Birigui (1) e Mococa (2)

.***Jarágua do Sul – Santa Catarina

****Ilha São José – Açores – Portugal.

Quanto ao estado civil, havia uma predominância de viúvos: 70,4% (19 residentes). Os casados correspondiam a 14,8% (4 residentes), os solteiros eram 7,4%, (2 residentes) e os divorciados eram 7,4% ( 2 residentes). (Tabela 2)

Tabela 2. Distribuição do estado civil dos residentes na ILPIs, 2009.

| Estado Civil | N. | % |
|---|---|---|
| **Viúvo** | 19 | 70,4 |
| **Casado** | 4 | 14,8 |
| **Solteiro** | 2 | 7,4 |
| **Divorciado** | 2 | 7,4 |
| **Total** | **27** | **100,0** |

Fonte: Elaboração própria a partir dos dados coletados na ILPIs, 2009.

O acentuado número de viúvas confirma a tendência nacional e latino-americana como uma característica da institucionalização de idosos nessa região (CHAIMOWICZ & GRECO, 1999). E também pelo diferencial de mortalidade por gênero acima mencionado.

## Relações familiares e sociais

Os idosos pesquisados na instituição em sua maioria têm vínculos familiares, sociais e filhos. Dos 27 residentes, 55,6% (15 residentes) têm filhos do sexo feminino e 44,5% (12 residentes) têm filhos do sexo masculino. Apesar das tarefas de cuidar dos pais serem culturalmente destinadas às filhas, o que se observa na instituição é a transferência dos cuidados. Em parte pela maior inserção da mulher no mercado de trabalho e seu papel de chefe da família e, em parte, pela falta de recursos técnicos para os cuidados e pela idade dos filhos.

A faixa etária dos filhos dos residentes também chama a atenção para um dado importante: 40,7% (22 filhos) deles estavam na faixa etária de 60 ou mais anos. Esse fator dificulta a atenção aos residentes já que alguns filhos reportaram dificuldades físicas para algumas tarefas do cotidiano. Foi comum durante as entrevistas com os filhos dos residentes o relato de óbito entre os irmãos. Foram contabilizados na pesquisa somente os filhos vivos.

Quanto à relação do residente com sua família 66,7% (18) declararam que suas relações familiares eram satisfatórias, 22,2% (6) declararam que eram razoáveis e somente 11,1% (3) declararam que as relações familiares eram insatisfatórias. De acordo com os resultados encontrados para 88,9% dos entrevistados as relações familiares foram preservadas e cultivadas. Isso caminha na contra mão do paradigma instituição versus abandono, já que a ideia de institucionalizar está diretamente ligada ao abandono (CREUTZBERG et. al, 2008).

O quadro I, abaixo, apresenta algumas das justificativas das respostas sobre as relações dos residentes com suas famílias.

Uma das questões que permeia a institucionalização é que o idoso passa por um processo de perda de vínculos sociais, ou seja, perda do contato com os amigos e a referência do mundo externo ao da instituição. No local pesquisado os moradores podem sair, desde que estejam acompanhados de seus familiares ou responsáveis. Não existe dia e nem horário para visitas, a circulação é livre para amigos e parentes.

Quadro 1. Grau de satisfação dos entrevistados em relação aos seus familiares, 2009.

| Respostas Satisfatórias |
| --- |
| "Mantemos contato e convivência periódica". |
| "Temos uma convivência serena e um ajuda o outro". |
| "Sempre estivemos próximos. O lar foi construído a partir de um casamento de 50 anos, sempre houve comprometimento com o resultado do progresso e bem estar". |
| "Mãe excelente, presente, solucionava os problemas da casa, cuidava das questões financeiras". |
| "Sempre tiveram vínculo, mãe presente e companheira". |
| "Relação familiar amorosa, pai presente, religioso". |
| "Chegar aos 84 anos de idade, estar como ela está e, ter a participação (visitas) de cinco dos seis filhos que teve, não daria para dar outra resposta. Sou testemunha do quanto os cinco filhos se empenham em ampara - lá". |
| "Convivemos em harmonia". |
| "Mãe sempre presente, boa mãe, atuante e protetora". |

| Repostas Insatisfatórias |
|---|
| "Ruptura do relacionamento familiar em função das escolhas pessoais do abrigado". |
| **Resposta Razoável** |
| "Ausência de visitas do único filho homem." |

Fonte: Elaboração própria a partir dos dados coletados na ILPIs, 2009.

Outro aspecto importante é o do número de entrevistados que declararam ter amigos fora do ambiente da ILPIs. Dos entrevistados, 81,5% (22 residentes) declararam que tinham amizades fora da instituição e apenas 18,5% (5 residentes) declaram não tê-las. O regime aberto - mencionado anteriormente - pode ter colaborado para o elevado percentual de residentes que tem amigos fora da ILPIs.

## Aspectos da Institucionalização

A internação do idoso em uma instituição de longa permanência é uma alternativa em certas situações: necessidade de reabilitação intensiva no período entre a alta hospitalar e o retorno ao domicílio, ausência temporária ou definitiva do cuidador domiciliar, falta de estrutura física da moradia, estágios terminais de doenças e/ou níveis de dependência muito elevados. Poucas pesquisas tem se interessado sobre os motivos que levam os idosos e sua família a decidirem quanto à internação permanente ou temporária, e de que forma esses idosos eram cuidados antes do processo de institucionalização.

Uma das perguntas do questionário era com quem o idoso residia antes da escolha da ILPIs. De acordo com os dados encontrados, aproximadamente 29% dos entrevistados residiam com os filhos, com ou sem cuidador. Apenas 22% dos entrevistados viviam com cuidadores. Outros 19% viviam com esposo(a) e 30% declararam que residiam sozinhos e não recebiam nenhum tipo de cuidado integral dos familiares ou cuidadores.

Quanto aos motivos que levaram os residentes a optarem pela institucionalização foram elencadas seis possibilidades para essa decisão (Tabela 3). Entre os motivos predominantes, destacam-se os aspectos relacionados aos cuidados por parte de profissionais especializados, e cuidados em tempo integral.

Tabela 3. Principais motivos da institucionalização segundo os residentes da ILPIS, 2009.

| **Motivos** | **N.** | **%** |
|---:|---:|---:|
| 1. Necessidade de cuidados 24h | 10 | 27,0 |
| 2. Falta de profissionais adequados para cuidados | 9 | 24,3 |
| 3. Necessidade de cuidados especiais | 8 | 21,6 |
| 4. Falta de estrutura física em relação à moradia | 5 | 13,5 |
| 5. Necessidade de convivência com outras pessoas | 4 | 10,8 |
| 6. Falta de vínculo familiar | 1 | 2,8 |
| **Total** | **37** | **100,0** |

Fonte: Elaboração própria a partir dos dados coletados na ILPIs, 2009.

É possível verificar que o fator mais citado é a necessidade de cuidados 24 horas apontado por 27% dos entrevistados, ou seja, a condição física e cognitiva do idoso leva à necessidade de cuidados contínuos. A falta de profissionais adequados para os cuidados foi apontada por 24,3% dos entrevistados, demonstrando a necessidade de qualificação profissional adequada frente à limitação física ou cognitiva do idoso. Outros 21,6% citaram como fator determinante a necessidade de cuidados especiais como uso de dieta enteral/parenteral, cuidados fisioterapêuticos, necessidade de dietas especiais e, estágios avançados de doenças degenerativas. Para 13,5% dos residentes a falta de estrutura física foi determinante, já que, idosos necessitam de estruturas físicas que suportem sua falta total ou parcial de autonomia em relação a parte motora, tais como barras de apoio para caminhada e nos banheiros, luzes de vigília, piso antiderrapante, ausência de desníveis ou escadas. Outros 10,8% dos entrevistados declararam a necessidade de convivência com outras pessoas e, apenas 2,8% dos entrevistados declararam que o fator determinante foi a falta de vínculo familiar.

Em outro estudo a necessidade de cuidados vinte e quatro horas e os conflitos familiares foram apontados como aspectos fundamentais para a institucionalização dos idosos (BESSA & SILVA, 2008).

Quanto à iniciativa para a institucionalização do idoso, na maioria das vezes, 65,0% (19 residentes) houve a participação dos filhos. Em algumas famílias mais de um parente participou do processo decisório totalizando a participação de 29 pessoas auxiliando na tomada de decisão. Para 13% (4 residentes) a decisão foi dos esposos, para 10,3% (3 residentes) foram os sobrinhos que decidiram ou auxiliaram junto com outros da família no processo de decisão, os netos contribuíram em 6,9% (2 residentes) dos casos e outros, tais como cunhados, vizinhos, etc., foram apontados em 3,5% (1 residentes) dos casos. Cabe mencionar que nenhum residente ou familiar referiu que a iniciativa da opção de moradia na ILPIs foi do próprio interessado.

Quanto ao tempo de institucionalização, 14,8% dos entrevistados (4 residentes) declararam que estavam institucionalizados por um período inferior a 3 meses, 18,5% (5 residentes) estavam na instituição há mais de 3 meses e menos de 6 meses; apenas 3,8% (1 residente) declarou que estava institucionalizado por um período superior ou igual a 6 meses e inferior 12 meses. Outros 25,9% (7 residentes) permaneceram em ILPIs por um período superior ou igual há um ano e inferior a dois anos e 37 % (10 residentes) se encontravam institucionalizados por mais de 2 anos.

De acordo com informações da ILPIs pesquisada, poucos idosos voltam para casa após a institucionalização devido a limitação física e as necessidades de cuidados específicos já apontados na Tabela 3. A maioria dos que são reintegrados aos seus lares são de idosos que por circunstâncias ocasionais ficaram na instituição durante um determinado período, pelos motivos seguintes: recuperação de fraturas e traumas, recuperação pós- cirúrgica, férias da família ou dos cuidadores, problemas de saúde de familiares e cuidadores e adaptação de residência. No caso do presente pesquisa, dois residentes foram reintegrados às suas famílias após o processo de reabilitação cirúrgica.

*Perfil Econômico dos Residentes*

Dos 27 abrigados, 9 (33,3%) declaram que eram do lar, e portanto não foram considerados como trabalhadores. Dos 18 que trabalharam, 55,6% (10) estavam alocados na indústria e 44,4%(8) no setor de serviços. Alguns declararam mais de uma atividade no decorrer da vida profissional, dessa forma foi considerada a atividade exercida pelo maior número de anos trabalhado. A maioria dos residentes, 88,9% (16 residentes) declarou ter trabalhado no setor privado e apenas 11,1%

(2 residentes) no setor público (Tabela 4).

Tabela 4. Categoria jurídica e setor da economia no qual o residente trabalhou antes da permanência na ILPIs, 2009.

| Setor/Categoria | Público | Privado |
|---|---|---|
| | N. | N. |
| **Serviços** | 2 | 8 |
| **Indústria** | 0 | 10 |
| **Total** | **02** | **18** |

Fonte: Elaboração própria a partir dos dados coletados na ILPIs, 2009.

Em relação ao vínculo empregatício, 66,7% (12 residentes) dos residentes eram assalariados; e 33,3% (6 residentes) eram autônomos. Os seis residentes (autônomos) trabalharam no setor de serviços.

Cabe mencionar que, em termos gerais, o rendimento médio na indústria tem sido maior do que no setor de serviços. Por exemplo, o rendimento médio (em reais correntes) dos vínculos empregatícios na indústria em 2008 no Município de Santo André foi 47,3% maior do que os respectivos rendimentos no setor de serviços, ou seja: R$ 2.220,25 versus R$ 1.506,95. (ATLAS DE COMPETITIVIDADE DA INDÚSTRIA PAULISTA, 2010).

As profissões dos entrevistados durante a vida ativa foram as seguintes: eletricista (3 residentes), tecelã (3 residentes), metalúrgico (2 residentes), professora de ensino médio (2 residentes), as demais atividades correspondem a um residente: miadeira de seda, costureira, encanador, corretor de imóveis, ajudante de produção, contador, fotógrafo e feirante.

Em relação aos anos trabalhados pelos residentes na ILPIs, 44,4% (8 residentes) declararam ter trabalhado mais de 30 anos e, 16,6% (3 residentes) trabalharam de 30 a 25 anos. Outros 11,1% (2 residentes) trabalharam de 25 a 20 anos, apenas 5,7% (1 residente) trabalhou de 20 a 15 anos; 11,1% (2 residentes) trabalharam de 15 a 10 anos e 11,1% (2 residentes) trabalharam de 10 a 5 anos. Neste total não foi considerado o trabalho doméstico. A maioria das idosas que se declararam "do lar" começou este tipo de trabalho ainda na infância e trabalharam até praticamente o início da sua institucionalização, o que totalizaria para esta categoria de trabalho aproximadamente 50 anos nessa atividade.

Em relação aos anos de contribuição para a previdência social, 5,5% (1 residente) contribuiu menos de 10 anos, 11,1% (2 residentes) contribuíram de 10 a 19 anos, 38,8% (7 residentes) contribuíram de 20 a 30 anos e 44,4% (8 residentes) contribuíram por mais de 30 anos.

Em números absolutos, do universo de 27 residentes, apenas 2 tinham previdência privada, com tempo de contribuição média de 10 anos. O valor médio do benefício recebido era de R$ 900,00 por mês.

O valor dos benefícios da previdência social recebidos pelos 27 residentes na ILPIS foi o seguinte; 25,9% (7 residentes) recebiam mais de quatro salários mínimos, ou mais de R$ 1.860,00; 48,1% (13 residentes) recebiam de três a quatro salários mínimos, ou entre R$ 1.395,00 a R$ 1.860,00; 22,2% (6 residentes) recebiam de um a dois salários mínimos, ou R$ 465,00 a R$ 930,00. Apenas 3,8% (1 residente) recebia somente um salário mínimo. O valor dos benefícios concedidos pela previdência social brasileira nas áreas urbanas e rural em 2008 foi em média de R$ 658,83 (BRASIL, 2008). Isso mostra que, considerando o reajuste do salário mínimo em 2009, pelo menos 47% dos abrigados recebiam benefício duas vezes maior que a média nacional. Considerou-se o salário mínimo de R$ 465,00, vigente a partir de fevereiro de 2009.

Com relação a outro estudo, aproximadamente 30% dos idosos considerados institucionalizados encontravam-se na condição de não ter nenhum rendimento. Isso apresenta outra forma de vulnerabilidade, a falta de rendimentos resultantes à perda da capacidade de trabalhar (CAMARANO, 2006).

Entre as mulheres, a importância da renda das aposentadorias e pensões é maior do que entre os homens, dado o peso que as pensões por morte aí representam e a baixa participação da renda do trabalho.

Em relação às fontes adicionais de renda, 55,6% (15 residentes) dos entrevistados declararam possuir uma ou mais fontes de renda complementar e 44,4% (12 residentes) declaram não possuir nenhum tipo de renda complementar. Essas fontes de renda foram as seguintes: aluguéis, 64% (10 residentes); pensão do cônjuge, 27% (4 residentes) e aplicação financeira, 9% (1residente).

Dos 27 entrevistados apenas um declarou ajudar financeiramente a família com 30% de sua renda mensal, o restante da população da ILPIs não ajudava seus familiares com nenhum tipo de recurso financeiro. Por outro lado, 37% (10 residentes) declararam receber ajuda de seus familiares, principalmente dos filhos. Na média isso correspondeu a 37,4% do valor total dos gastos dos residentes. Em contraste, outro estudo demonstrou um substancial apoio financeiro de pais idosos para os filhos até estágios avançados de suas vidas adultas (CAMARANO, 2004).

Durante a pesquisa foi investigado o gasto mensal per capita dos residentes na ILPIs. Este valor inclui a mensalidade, gastos com medicação, produtos de higiene, vestuário, aparelhos de autoajuda (bengalas, cadeira de rodas), convênio médico e despesas com laboratórios quando necessário.

Dos 27 entrevistados, 29,6% (8 residentes) gastam de R$ 3.000,00 a R$ 3.500,00 com os cuidados mensais, 22,2% (6 residentes) gastam de R$ 2.500,00 a R$ 3.000,00, 22,2% (6 residentes) gastam de R$ 1.500,00 a R$ 2.000,00, 11,1% (3 residentes) gastam de R$ 3.500,00 a R$ 4.500,00, 11,1% (3 residentes) gastam mais de R$ 4.500,00 e somente 3,8% (1 residente) gasta até R$ 1.500,00 para essa finalidade. O gasto médio mensal da ILPIs estudada foi de R$ 3.000,00. Esse valor correspondia a 4,5 vezes o gasto médio das regiões brasileiras entre 2007 e 2009, que foi de R$ 652,36 (CAMARANO, 2007, 2008, 2008a, 2008b, 2010).

## Considerações Finais

O crescente processo de envelhecimento da população brasileira tem como uma opção possível para os idosos (maiores de 60 anos) as Instituições de Longa Permanência para Idosos – ILPIs. A provisão dos cuidados aos idosos por parte dos familiares em seus próprios lares é cada vez mais restrita no Brasil, tanto pela maior participação da mulher no mercado de trabalho e pela redução no número de familiares, quanto pela escassez de recursos financeiros e materiais para essa manutenção.

No caso do presente trabalho, a instituição pesquisada é privada com fins lucrativos, perfil correspondente da maioria das instituições de Santo André. Isso também difere de outras regiões do país nas quais preponderam as instituições privadas filantrópicas, sem fins lucrativos. A instituição está formalmente constituída e legalizada. O regime de funcionamento é o aberto, sem restrições à entrada e saída de residentes.

O perfil dos residentes demonstra a predominância da população acima de 80 anos e do sexo feminino, inclusive nessa faixa etária. A feminilização do envelhecimento, com um alto número de viúvas apresenta semelhanças com o que aparece na literatura sobre o assunto.

A maior parte da população da ILPIs pesquisada nasceu no Grande ABC, principalmente em Santo André, e declarou ter filhos. Outro dado importante é o de que o papel de cuidar está sendo transferido, dado que anteriormente os idosos eram cuidados por seus familiares principalmente pelas filhas.

A prevalência de fortes vínculos familiares e sociais foi outro achado da pesquisa. Esse é um elemento novo no paradigma instituição versus família, já que outros estudos apontam para um modelo mais próximo do abandono. O que justificaria esse novo dado é o mais elevado padrão socioeconômico dos abrigados e de seus familiares.

Outro aspecto importante foi o de a maioria dos residentes viviam com parentes ou sozinhos antes da institucionalização. Ou seja, aparentemente não necessitavam de "cuidadores" de fora da família, o que sugere também um nível de saúde compatível com essa situação.

Por outro lado, outros residentes relataram a necessidade de cuidados integrais e especializados como motivo principal para a institucionalização. Isso sugere uma piora no estado de saúde dos residentes que não pôde ser sanada pela atuação dos familiares mais próximos. A iniciativa da institucionalização partiu, em sua maioria dos filhos. Nenhum abrigado referiu ter iniciativa própria quanto a ida para a ILPIs. Isso pode demonstrar a força dos vínculos familiares, como já mencionado, ou, certa submissão aos interesses do núcleo familiar.

Poucos residentes relataram a volta para a casa após a institucionalização. Isso corrobora a necessidade de cuidados integrais, especializados e ininterruptos por parte da ILPIs. Mais da metade dos residentes tinham, pelo menos, mais de 12 meses de permanência em uma ILPIs.

Quanto ao perfil econômico dos residentes, a maioria trabalhou no setor formal da economia, no setor privado, e na indústria. O assalariamento foi o vínculo empregatício preponderante. Como se sabe, na indústria, em média, os rendimentos costumam ser maiores do que no setor de serviços. Apenas um abrigado possuía grau de nível superior. O tempo de trabalho da maioria dos abrigados correspondeu a mais de trinta anos. A contribuição para a Previdência Social foi de mais de trinta anos para aqueles que trabalharam por períodos mais longos. Além dessa contribuição, apenas dois residentes reportaram a contribuição à previdência privada, em média de dez anos e com valor médio de dois salários mínimos do período. Quanto ao valor do benefício da Previdência Social, a maioria dos residentes recebia de três a quatro salários mínimos mensais.

Um dado importante se refere às fontes adicionais de renda. Metade dos residentes relatou rendimentos de aluguéis de imóveis, de aplicações financeiras e de pensão do cônjuge. Outro achado da pesquisa foi o de que apenas um residente ajudava seus familiares, o que contrasta com a maior parte dos idosos no Brasil, que ajudam filhos e netos. Pouco mais de um terço dos residentes recebia ajuda financeira de seus familiares. Essa ajuda correspondia aos benefícios da previdência social de até dois salários mínimos.

Os gastos mínimos e máximos por residente na ILPIs estudada (mensalidade, medicação, vestuário, aparelhos e autoajuda, convênio médico e despesas laboratoriais), apresentaram valores três a sete vezes maiores do que os encontrados na literatura nacional, nesse mesmo período.

Esses dados apontam para uma camada da população que pode pagar por serviços especializados em ILPIs, o que certamente não é a realidade da maioria dos idosos de Santo André, do Grande ABC e da esmagadora maioria dos municípios brasileiros. Cabe ao governo e ao setor privado o empenho na confecção de políticas que favoreçam a ampliação desse mercado de prestação de serviços especializados, para instituições públicas e privadas (filantrópicas ou não) dada a demanda crescente, agora e no futuro, da faixa etária que mais cresce no país.

# Referências

ALCANTARA, Adriana. *Idosos Institucionalizados e Família: Entre Abafos e Desabafos. Campinas*, São Paulo: Editora Alínea, 2004.

ATLAS DA COMPETITIVIDADE DA INDÚSTRIA PAULISTA – Secretaria de Desenvolvimento – S. Paulo, 2010.

BESSA, M. E. P.; SILVA, M. J. D. A. *Motivações para o Ingresso dos Idosos em Instituições de Longa Permanência e Processos Adaptativos*: Um Estudo de Caso. Texto Contexto Enferm, Florianópolis, 2008, abr. - jun. 17 (2). p 258-265.

BRASIL. *Anuário Estatístico da Previdência Social*, 2008.

CAMARANO, Ana Amélia; EL GHAOURI, Solange Kanso. *Famílias com Idosos: Ninhos Vazios?* Rio de Janeiro, abril de 2003 (Texto para Discussão n. 950).

CAMARANO, Ana Amélia *Os Novos Idosos Brasileiros*: Muito Além dos 60? Organizado por Ana Amélia Camarano. Rio de Janeiro: IPEA, 2004.

______. *Mecanismos de Proteção Social para a População Idosa Brasileira.* Texto para Discussão Nº 1179- Rio de Janeiro: IPEA, 2006.

CAMARANO, Ana Amélia; PASINATO, M.T. & LEMOS, V.R. Cuidados de longa duração para a população idosa. Uma questão de gênero? In: *Qualidade de vida na velhice: enfoque multidisciplinar.* Ana Liberalesso Neri (Org.) Campinas, São Paulo: Editora Alinea, 2007, p. 127-149.

CAMARANO, Ana Amélia (Coord.). *Características das Instituições de Longa Permanência para Idosos - Região Norte.* Brasília: IPEA; Presidência da República, 2007.

______. *Características das Instituições de Longa Permanência para Idosos - Região Nordeste*. Brasília: IPEA; Presidência da República, 2008.

______. *Características das Instituições de Longa Permanência para Idosos - Região Centro-Oeste*. Brasília: IPEA; Presidência da República, 2008a.

______. *Características das Instituições de Longa Permanência para Idosos - Região Sul*. Brasília: IPEA; Presidência da República, 2008b.

______. *Características das Instituições de Longa Permanência para Idosos - Região Sudeste*. Brasília: IPEA; Presidência da República, 2010.

CHAIMOWICZ, F.; Greco. D.B. Dinâmica da Institucionalização de Idosos em Belo Horizonte, Brasil. *Rev. Saúde Pública*, 33 (5), out. 1999, p. 454-460.

CREUTZBERG et al. *Instituição de Longa Permanência para Idosos*: A Imagem que Permanece. Texto Contexto Enferm, Florianópolis; 2008, abr.-jun., 17 (2), p 273-279.

DAVIM, R. M. B. et al. Estudo com Idosos de Instituições Azilares no Município de Natal / RN: Características Socioeconômicas e de Saúde. *Rev. Latin-am Enfermagens*, 12 (3); 2004, p 518-524.

DEBERT, G.G. A *Reinvenção da Velhice: Socialização e Processos de Privatização do Envelhecimento*. São Paulo: Edusp, 1999.

Encontro Municipal de Instituições de Longa Permanência AMVS – Santo André, 2007.

FACHIN, O. *Fundamentos de Metodologia*. São Paulo: Atlas, 1993

FERREIRA, A.B. de H. *Novo Dicionário Aurélio da Língua Portuguesa*. 2. ed. Rio de Janeiro : Nova Fronteira, 1986.

IBGE - Instituto Brasileiro de Geografia e Estatística. Diretoria de Pesquisas. Departamento de População. *Anuário Estatístico do Brasil*, 2000/2003.

IBGE – Instituto Brasileiro de Geografia e Estatística. *PNAD*, 2008.

LAPORTA, Márcia Zorello; FOGO, Marlim (org.). *Manual de Normatização de Trabalhos Acadêmicos*. 2. ed. Revista e ampliada. Santo André: Centro Universitário Fundação Santo André, 2006. 104 p.

MENDONÇA, J.M.B. Estatuto do Idoso. In: NETTO, Matheus Papaléo. *Tratado de Gerontologia*. São Paulo: Editora Atheneu, 2007, p. 177-184.

NUNES, Eliana Lima Guerra; LAPORTA, Márcia Zorello; JUNIOR, Nivaldo Carneiro organizadores. *Manual de Instrução para o Encaminhamento de Protocolos de Pesquisa*. Santo André, 2007.

PAPALEO NETO, Mathews (organização). *Tratado de Geriatria e Gerontologia*. 2. ed. São Paulo: Editora Ateneu, 2007.

SAAD, P. M. Transferências de Apoio Entre Gerações no Brasil: Um Estudo para São Paulo e Fortaleza. In A. A. Camarano (org.) *Muito Além dos 60*: os Novos Idosos Brasileiros. Rio de Janeiro: IPEA, 1999.

SOUZA, E.M. *Reminiscências Integrando Gerações: A Arte de Compartilhar Memórias*. Petropólis: Editora Vozes, 2008.

YAMAMOTO, A.; DIOGO, M. J. D'Elbovx. Os Idosos e as Instituições Azilares no Município de Campinas. *Rev. Latin-am Enfermagens*, 10 (5); 2002, p. 660-666.

YAN, R.K. Estudo de Caso: *Planejamento e Métodos*. Porto Alegre: Bookman, 2003.

# RESENHA

CAVLAK, Iuri. *A política externa brasileira e a Argentina peronista*. São Paulo: Annablume, 2008.

TOMAZ ESPÓSITO NETO*

---

* Doutorando em Ciência Sociais pela PUC-SP. Professor do Curso de Relações Internacionais do CUFSA.

Em meio às discussões sobre o futuro do Mercado Comum do Cone Sul (MERCOSUL), com o aumento das disputas entre os dois principais países do bloco, Brasil e Argentina, é importante recordar a história da região, uma vez que hoje somos frutos, em grande medida, dos nossos passados, por isso, ganham relevância os estudos sobre Vargas e seu legado e Perón e o peronismo, cujos mitos e ações continuam a influenciar a política no Brasil e na Argentina nos dias atuais.

Iuri Cavlak apresenta, em seu livro *A Política Externa Brasileira e a Argentina Peronista*, uma rica descrição histórica das relações argentino-brasileiras de 1946 até 1955, dando ênfase nas tentativas da construção de laços mais fortes entre ambos os países. Infelizmente, tais alternativas, por diversos motivos, fracassaram.

Essa obra está dividida em três capítulos, além da introdução e das considerações finais. O primeiro trata do Brasil e da Argentina no espaço interamericano no pós-Segunda Guerra Mundial, em especial as circunstâncias que permitiram a ascensão de Juan Domingo Perón ao poder, bem como a ingerência norte-americana nos assuntos internos da Argentina, como no seguinte caso.

> Uma última tentativa de impedir a vitória de Perón feita pelo Departamento de Estado aconteceu alguns dias antes das eleições. O serviço de política exterior norte-americano, sob o comando de Braden, publicou uma série de documentos sobre as antigas ligações de algumas forças peronistas com o nazismo [...] Aproveitando desse fato, Perón inverteu o sentido da notícia, reforçando a imagem de que a chapa liberal, sua adversária, servia apenas de fachada aos interesses estranhos a soberania argentina [....] (CAVLAK, 2008, p. 39-40).

Segundo Cavlak (2008), Perón adotou uma série de medidas heterodoxas, centralizadoras e de cunho nacionalista, cujo um dos objetivos era se contrapor aos Estados Unidos e enfraquecer a sua oposição política. Dois exemplos marcantes são a criação do IAPI (Instituto Argentino de Promoção do Intercambio), que regulamentava boa parte do comércio exterior argentino e a execução de uma política externa independente, conhecida como "Terceira Posição", cujo preceito básico era o não alinhamento automático nem com os Estados Unidos nem com a União Soviética, as duas superpotências da época. Isso em plena "Guerra Fria".

O autor também aborda nesse momento as principais diretrizes da política externa brasileira da administração Dutra (ano – ano) e do segundo governo Vargas (ano – ano), em especial nos aspectos de continuidade e ruptura no que tange a Argentina. Ademais, Cavalak aponta a importância dos embaixadores brasileiros da época para fortalecimento ou enfraquecimento dos laços políticos e econômicos bilaterais.

O segundo capítulo apresenta as características da política internacional da Argentina peronista, em especial as iniciativas da Casa Rosada para a América do Sul, assim como as desconfianças de algumas das autoridades brasileiras.

> [...] Até o final da década de 1940, não foi outra a tônica dos ofícios enviados pela Embaixada Brasileira em Buenos Aires, senão de alerta em relação ao crescimento econômico e militar da Argentina, seu "fechamento" político em torno do pacto populista e sua intrínseca vontade de colonizar os seus vizinhos. A crise econômica e a eleição de Getúlio Vargas no Brasil alteraram muitos pontos desse quadro [...] (CAVLAK, 2008, p. 69).

A seguir, o autor trabalha com a crise econômica em 1949, por causa das políticas executadas, o que diminuiu o apoio ao peronismo. Então, a Casa Rosada aumentou o investimento na Terceira Posição com a intenção de obter dividendos políticos e econômicos. Medidas exóticas, como a criação da "diplomacia sindical" e do "turismo social", foram implementadas como meio de propaganda do regime peronista (CAVLAK, 2008).

No terceiro capítulo, Cavlak trabalha com as relações argentino-brasileiras, dando ênfase na possibilidade da construção de uma aliança, em razão da convergência ideológica de Perón e Getúlio Vargas.

> Com a eleição de Getúlio Vargas para presidente do Brasil, as esperanças do governo peronista em contar com o grande vizinho para um amplo acordo no Cone Sul pareciam em vias de concretização. Lembrando as palavras de Vargas quando em campanha, elogiosas ao governo peronista [...]. (CAVLAK, 2008, p. 143).

No entanto, conforme Cavalak (2008), o projeto de aliança entre Argentina e Brasil fracassou devido à crise política e econômica, às oposições a Vargas e a Perón e às interferências externas. Buenos Aires insistia na proposição de uma aliança entre Argentina, Brasil e Chile, cujo nome sugerido era "Pacto ABC", para o fortalecimento dos países da região frente a potências externas. Não obstante, apesar dos apelos de Perón, o governo brasileiro não se entusiasmou pela proposta. Por fim, o trabalho apresenta as causas da queda do peronismo e o autor tece seus comentários finais.

O livro possui o mérito de abordar um tema e um período histórico, o qual não possui o devido tratamento pelos pesquisadores brasileiros. Outro ponto positivo é a ampla utilização dos documentos dos arquivos do Itamaraty, que apontam uma dubiedade nas relações com Buenos Aires e uma profunda desconfiança de parte do corpo diplomático, a figura, os discursos e as ações de Juan Domingo Perón.

> Portanto, a visão de certos políticos e diplomatas brasileiros e norte-americanos em relação à Argentina peronista, de que esta fazia de tudo para "reconstruir o vice-reinado do Rio da Prata", passando por cima da soberania econômica de suas nações vizinhas, tinha nas palavras de um alto dirigente argentino as suas suspeitas confirmadas. (CAVLAK, 2008, p.108).

Contudo, tornam-se necessária se fazer algumas ressalvas à obra. A primeira é a falta de utilização de dados estatísticos para demonstrar a evolução do crescimento econômico, investimento e comércio internacional entre o Brasil e a Argentina, o que poderia dar a real dimensão da importância da relação bilateral. Ademais, poderia demonstrar os efeitos das práticas peronistas na economia e na sociedade argentina.

Também, chama atenção a ausência de um capítulo, ou pelo menos de um subitem, para descrever o sistema internacional, o que poderia reforçar o argumento do autor de ingerência norte-americana na região.

A terceira ressalva é que o autor explicita a sua posição política ao longo do texto, como o próprio admite.

> [...] Em vários momentos da dissertação, *transpareceu uma certa simpatia nossa pela possibilidade de estreitamentos substantivos entre brasileiros e argentinos*, sem o que, esperamos, haver comprometido o rigor científico de minha pesquisa. Inquirindo a realidade histó-

> rica e contemporânea, porém, torna-se muito difícil acreditar que as duas maiores nações da América do Sul teriam tudo a ganhar caminhando juntas, com instituições financeiras, fluxos comerciais e decisões políticas em comum, ao invés do corriqueiro vai e vem de distanciamento e aproximações. (CAVLAK, 2008, p. 202-203. Grifo Meu).

Como pesquisador das relações argentino-brasileiras, após as ressalvas acima, gostaria de reafirmar que o livro possui diversos méritos, o que o torna um livro importante para outras pesquisas acadêmicas, cujos escopos se centrem na política exterior brasileira, nas relações entre Argentina e Brasil, no peronismo, entre outras temáticas correlatas.

Se o futuro das relações entre o Palácio do Planalto e a Casa Rosada é incerto, um bom início é olhar para o passado para que não se repitam os mesmos erros.

## Referência

CAVLAK, Iuri. *A política externa brasileira e a Argentina peronista.* São Paulo: Annablume, 2008

# RESENHA

GOES FILHO, Synesio Sampaio. *Navegantes, bandeirantes, diplomatas: um ensaio sobre a formação das fronteiras do Brasil.* São Paulo: Martins Fontes, 1999.

KATIUSCIA MORENO GALHERA*

* Bacharel em Relações Internacionais pelo Centro Universitário Santo André (CU-FSA), especialista em Controladoria e Gestão Estratégica de Negócios pela Pontifícia Universidade Católica de São Paulo (PUC-SP) e mestranda pelo Programa San Tiago Dantas de Pós-Graduação em Relações Internacionais.

O livro de Synesio Sampaio Goes Filho, em apenas 332 páginas, trabalha questões ligadas ao descobrimento de terras americanas, a ocupação de grande parte do território sul-americano e a demarcação de suas fronteiras, ao analisar mais de 420 anos de história do Brasil e de parte do continente americano (desde a descoberta de Colombo, em 1492 até a morte de Rio Branco, em 1912). À primeira vista, o autor produz um trabalho muito amplo para uma publicação de poucas laudas, uma vez que uma publicação acadêmica de fôlego deve considerar diversos atores e múltiplos fatores políticos, econômicos e sociais. Em poucas linhas – ainda que delimitado a temas específicos – esta é uma tarefa impossível, megalomaníaca ou de má qualidade.

O autor, entretanto, logra atingir seus objetivos, ainda que *au passant* (o que é compreensível, dado o número limitado de folhas de seu livro). Ademais, percebe-se através de sua escrita, ampla base bibliográfica e bagagem intelectual, qualidades de quem já se versa sobre o assunto há um bom tempo.

"Navegantes, bandeirantes, diplomatas [...]" é focado como propõe o título: estes três atores são evidenciados como os grandes determinantes históricos do tamanho do território brasileiro e de alguns aspectos das relações ligadas à Política Externa Brasileira (PEB), cujo legado se estende até os nossos dias. O livro é dividido em três partes, tendo como objeto em cada uma destas um dos agentes mencionados. Assim, a primeira parte, "A descoberta do Continente" é dedicada aos navegantes; a segunda, "A ocupação do território brasileiro" aos bandeirantes; a terceira, "As negociações dos limites terrestres", aos diplomatas e, por fim, o autor tece suas considerações finais.

Entre os navegantes, o Synesio Sampaio destaca Cristovão Colombo, Américo Vespúcio e Pedro Álvares Cabral como os mais relevantes. Synesio aborda a famigerada questão do financiamento da viagem de Cabral e do "descobrimento" da América, nunca desvendada pelo aspecto recôndito das decisões ao interno da Corte Portuguesa; deparar-se com o Brasil pode ter sido uma ação intencionada ou resultado de um simples incidente quando do caminho às Índias. Outro aspecto interessante que destoa das pesquisas sobre os comandantes das caravelas é a pesquisa sobre o íntimo, a vida pessoal destas figuras. Por exemplo, Pedro Álvares é descrito como interessado em cartografias e Américo Vespúcio (dizem relatos e documentos citados pelo autor), como um charlatão. Colombo é visto desde sua infância como herdeiro das virtudes marítimas do pai.

A segunda parte é dedicada ao bandeirantismo. Após chamar atenção às difíceis tentativas de definição do tema, Synesio realiza um excelente trabalho ao não se posicionar se estes eram bons ou maus, heróis ou vilões. Opta por comparar visões pré-estabelecidas, trazendo para o leitor de paradigma já estruturado outras perspectivas. Ao ter o mínimo de juízo de valor possível, fomenta o debate intelectual sobre o tema comparando autores de destaque, além de evitar problemas de discussão e metodologia em sua obra. Uma passagem memorável e que merece destaque é a conclusão que o autor chega sobre a independência dos bandeirantes através da análise sobre as diferentes visões do bandeirantismo (como a de Oliveira Viana, Caio Prado Júnior e Capistrano de Abreu, dentre outros), com rica descrição de fontes distintas:

> Quanto à boa dose de independência do movimento bandeirante, em relação a Lisboa, a Salvador ou ao Rio de Janeiro, é esta uma constatação de todas as fontes. Os jesuítas espanhóis referem-se sempre à liberdade de movimentos da população de São Paulo: "Toda aquella Villa es de gente desalmada y alevantada que no hace casi ni de las leyes Del Rey ni de Dios"[1] Não faltam documentos da administração colonial a frisar a insubmis-

1. O autor cita Paulo Prado em "Paulística de retrato do Brasil", p. 35 da obra original citada.

> são dos paulistas. A D. Pedro II, dizia um Governador do Rio de Janeiro em 1691: "os moradores de São Paulo não guardam mais suas ordens que aquelas convenientes aos seus interesses"[2] A D. João IV informava o Provedor da Real Fazenda no Brasil: "com a maior facilidade [os paulistas] se amontinavam e desobedeciam âs mais restritas ordens dos delegados régios"[3] Em Lisboa havia a mesma visão da autonomia paulista: O Embaixador da Espanha em Portugal informa Madri, em 1676, da impotência de Lisboa para atender às reclamações espanholas de violações de fronteiras, porque os paulistas, "gente sublevada y forajida", eram incontroláveis: "Estes portugueses de San Pablo viven sin freno del respecto y del terror del castigo de los gobernadores del Brasil."[4] (GOES FILHO, 1999, p. 108)

Talvez por fazer parte da chancelaria brasileira (Embaixador do Brasil em Lisboa quando da primeira edição destes escritos) a terceira parte do livro, dedicada aos diplomatas, parece ser a de maior intensidade e fluidez. Estes são abordados principalmente em três figuras: Alexandre de Gusmão, Duarte da Ponte Ribeiro e o Barão do Rio Branco, que guardam bustos no Salão de Tratados do Itamaraty. Novamente, o autor descreve os particulares destas grandes figuras, além dos seus feitos diplomáticos.

Analisado de forma mais escassa, devido à falta de dados de sua vida pessoal nos livros de história, Alexandre de Gusmão, "[...] Homem universal, que escrevia com muita facilidade e graça, não é como o literato que passaria à posteridade" (GOES FILHO, 1999, p. 168), tem sua existência, mormente, descrita como

---

2. O autor cita Affonso Taunay em "História das bandeiras paulistas", vol. II, p. 283 da obra original citada.
3. Id. Ibid., p. 283.
4. Id. Ibid., p. 280.

o influente estadista do Tratado de Madri .[5]

Duarte da Ponte Ribeiro, por sua vez, "[...] mais que um ideólogo, foi um diplomata prático... e freqüente" (GOES FILHO, 1999, p. 210). Dentre os feitos conterrâneos a esta figuram tratados com o Peru (1851)[6], a Bolívia (1857)[7], a Venezuela (1859) juntamente com negociações com a Colômbia[8],o Uruguai (1851[9] e 1864[10]) o Paraguai (1865-1870)[11] e, finalmente, com Buenos Aires, o Vice-Reinado e as províncias desunidas[12].

5. Acordado em 13 de Janeiro de 1750 entre D. João V, de Portugal e D. Fernando VI, da Espanha, firmado a fim de definir os liames do então Tratado de Tordesilhas. Este tratado, abordado aqui resumidamente, será abordado em diversas outras questões e acordo, como veremos a seguir.

6. Os tratados de Madri e de Santo Idelfonso já definiram os liames entre Brasil e Peru. Entretanto, havia um triângulo de terras que pertencia ao Vice-Reinado do Peru. Padres missionários, soldados ou colonos foram ocupando este espaço, reconhecido brasileiro pelo Tratado em referencia através do principio do *uti possidetis.*

7. Nesta ocasião, Duarte da Ponte Ribeiro elaborou o "Mapa da Linha Verde", também baseado no *uti possidetis,* que permitiu a assinatura do Tratado de Amizade, Limites, Navegação, Comércio e Extradição, também chamado de Tratado Muñoz-Neto.

8. Países faziam parte da Grã-Colômbia. O Tratado de Madri pouco dia sobre a área, e o Tratado de Santo Idelfonso era um pouco mais claro, em 1777. Duarte da Ponte Ribeiro celebrou um acordo em 1859 baseado no *uti possidetis* com a Venezuela, sob protestos colombianos, que acabou surgindo pouco efeito. O litígio foi encerrado somente em 1907, com o Barão do Rio Branco.

9. Após a Revolução de Maio de 1810 na Argentina, o Congresso Uruguaio de 18 de julho de 1821 incorpora a Banda Oriental do Uruguai à monarquia portuguesa declara guerra 1825, a qual se arrasta por dois anos. Em 1828 começam as tréguas e a independência do Uruguai é reconhecida pelo Brasil e a Argentina.

10. Em 1864 o Uruguai se via em Guerra Civil com o General Flores. Os gaúchos, pela indefinição de terras, tinham seus gados roubados (e também invadiam terras "uruguaias"), recorreram ao Governo Central no Brasil, ato que desencadeou conflitos na região e missões diplomáticas ao Uruguai até a assinatura da "Convenção de Paz", em 20 de fevereiro de 1865.

11. O país era uma das nações mais fechadas do continente e reivindicava uma porção do Mato Grosso. Solano López provoca a guerra na região, invadindo o sul na "Batalha de Yatay", dando início a prisões, invasões, etc., tendo seu fim apenas quando do Tratado da Tríplice Aliança. A Guerra do Paraguai, entretanto, foi inevitável. O Brasil acaba contrariando o Tratado, tentando impor o *uti possidetis.* A disputa foi finalmente resolvida pelo arbitramento do Presidente Hayes, em 1879.

12. Trata-se de um tema longo que mostra a relação conflituosa no então "Vice-

Ao Barão do Rio Branco, enfim, é dedicado estudo de fôlego. Grande estudioso e conhecedor da história e geografia brasileira, ao Barão devem-se inúmeros tratados de fronteiras os quais resolveram litígios que chegavam até mesmo em instâncias internacionais, como a Questão de Palmas[13], do Amapá[14], do Pirara[15], do Acre[16], os tratados com o Equador (1904) e Colômbia (1907)[17], e Peru (1909)[18].

Reinado da Prata", que ficaram sob os auspícios do Vice-Reinado do Peru até 1777, que começa declinar a partir do século XVIII. O Vice-Reinado da Prata, entretanto, não tinha identidade estabelecida para a demarcação de suas fronteiras. *Grosso modo,* o conflito no atual Rio Grande do Sul (que durou 13 anos), o movimento de independência na Argentina, o fortalecimento do nacionalismo paraguaio durante a ditadura de Francia (1818-1842) e o ainda indefinido Uruguai são as questões abordadas por Synesio Sampaio.

13. O Tratado de Santo Idelfonso já tinha mudado alguns aspectos das fronteiras no sul do Brasil, não alterando, entretanto, aspectos importantes que interessavam a outros Estados. O Barão entra em ação em maio de 1893, apresentando seu trabalho em 10 de fevereiro de 1894, em Nova York. O documento era baseado em vasta pesquisa e mapas, contava com seis volumes, e foi submetido ao presidente dos Estados Unidos da América. A sentença saiu em seis de fevereiro de 1895, favorável ao Brasil.

14. Fora fundada Belém em 1616, tendo tentativas de apropriação de outros países, como a França. Rio Branco fora designado novamente como advogado do Brasil pelo presidente do Conselho Federal Suíço. Apresentou em Berna, em seis de abril de 1899, sua primeira documentação, recebendo a réplica oito meses depois. Em 1º de dezembro de 1900, o Brasil recebe a sentença do árbitro, favorável ao Brasil.

15. Litígio entre Grã-Bretanha e Brasil, entregada ao Rei da Itália. Joaquim Nabuco foi desta vez o advogado, aproveitando-se de pesquisas do Barão. A decisão arbitral de 1904 decepciona os brasileiros, e é, na opinião de Synesio, favorável à Grã-Bretanha.

16. A produção de látex pelos seringueiros fez com que as terras brasileiras fossem exploradas "espontaneamente". Nas palavras de Synesio "tinham posse pacífica e de boa fé na região" (GOES FILHO, 1999, p. 287). Este litígio com a Bolívia foi resolvido em 17 de novembro de 1903 pelo Tratado de Petrópolis, considerada um dos maiores feitos do Barão.

17. A fronteira onde se encontra o atual Rio Solimões era disputada pelo Peru, Venezuela, Equador e Colômbia. Em sete de maio de 1904, resolve-se a questão com o Peru, e indiretamente com o Equador (que vai se concretizar definitivamente apenas em 1998, em Brasília). Em 1907, o Barão dá instruções à Eneas Martins, Chefe da Missão Especial em Bogotá, resultando em acordo assinado em 24 de abril do mesmo ano.

18. Com o Peru se deu o maior problema de limites na Amazônia, diz Synesio

Conta-se que Rio Branco estudava até a exaustão mapas e documentos favoráveis ao Brasil; tal era a dedicação do Barão que até mesmo sua morte estava relacionada à prestação de serviços para a pátria: se foi em uma pequena cama, em seu escritório.

Conforme já mencionado, Synesio conta com diversos pontos positivos para que sua leitura seja indicada: um vasto conhecimento bibliográfico, experiência, menção frequente a fontes primárias. Destacam-se também abordagens ora inovadoras, como a dos navegantes, ora cuidadosas, como os bandeirantes, ora tradicionais, como os diplomatas.

Infere-se, portanto, que este livro é indicado para aqueles que objetivam obter uma visão geral e breve sobre os feitos brasileiros desde a colonização até os idos de Rio Branco. Para este propósito este livro atende, com a escrita, referências e pesquisa de quem trata destas questões com boa fidedignidade de dados, boa bagagem literária e referências a fontes primárias sobre alguns dos períodos estudados, sendo talvez repetitivo para os pesquisadores que procuram novidades sobre temas correlatos ao objeto em questão.

Tal obra é de especial relevância justamente por, ao transpassar parte da história do descobrimento das terras luso-espanholas, sua ocupação, a demarcação de suas fronteiras e a definição do Estado Brasileiro, traz uma visão abrangente e clara (ainda que não aprofundada, o que demandaria multiplicar incessantemente suas páginas) dessas questões, essenciais para a compreensão da Política Externa Brasileira.

---

Sampaio. O Tratado de Santo Idelfonso e depois o Tratado de Limites de 1851 ainda apresentavam alguns problemas com a divisa do rio Javari e a geodésica Tabatinga-foz do Apapóris. Após conflitos entre a Bolívia, Peru e Brasil intensificadas após a decisão do árbitro e Presidente da Argentina e da participação de Euclides da Cunha, Rio Branco procurou resolver o litígio entre Brasil e Peru, dando fim ao grande empreendimento que foi delimitar as fronteiras brasileiras.

# Referência

GOES FILHO, Synesio Sampaio. *Navegantes, bandeirantes, diplomatas: um ensaio sobre a formação das fronteiras do Brasil.* São Paulo: Martins Fontes, 1999.

# COMUNICAÇÃO DE PESQUISA

## GASTOS PÚBLICOS E EMPRESAS LOCAIS: UMA ANÁLISE DE LICITAÇÕES DO MUNICÍPIO DE SÃO BERNARDO DO CAMPO*

EVANDRO MEIRA BARADEL**

---

* Pesquisa desenvolvida junto ao Núcleo de Estudos de Desenvolvimento Local (NEDEL) do Centro Universitário Fundação Santo André (CUFSA).

** Mestrando em Gestão e Políticas Públicas pela EAESP/FGV e pesquisador do NEDEL/CUFSA.

**Resumo**

A pesquisa em andamento tem como objetivo ajudar na disseminação do estudo do gasto público via licitação, ainda pouco utilizado quando se trata de abordar o procedimento licitatório como um instrumento de política pública voltado, por exemplo, ao desenvolvimento regional e ao fomento de micros e pequenas empresas. Até o momento foram analisados os resultados das licitações – na forma de pregão eletrônico – realizadas pelo município durante o ano de 2007, mas o objetivo é avançar com a pesquisa e analisar também os resultados dos anos de 2008 e 2009, buscando-se com isso ampliar a base de dados pesquisada e, consequentemente, dar maior consistência ao trabalho. De tal análise tem-se extraído de quais municípios são as licitantes vencedoras dos itens disputados, o que implica saber quanto do valor licitado fica para empresas do município licitador, situação considerada mais interessante para a economia da localidade analisada, e quanto vai para empresas sediadas em outras cidades, inclusive de fora do estado.

**Palavras-Chaves**

Pregão eletrônico; São Bernardo do Campo; empresas locais.

**Abstract**

The research in course wants to help the expansion of studies involving bidding, mainly when employed like a public police instrument, used, for example, to promote regional development or micro and small enterprises. Until now were analyzed the results of electronics reverse auction occurred in São Bernardo do Campo city in 2007, but the objective is to enlarge the research including data of the years 2008 and 2009. The answers obtained show the cities where winners of bids are located. The supposed best situation, looking the São Bernardo do Campo's local economy, is to have between the winners a significant amount of companies from this city.

**Keywords**

Electronic reverse auction; São Bernardo do Campo city; local enterprises.

# Introdução

Por definição, pode-se entender licitação como

> [...] o procedimento administrativo pelo qual um ente público, no exercício da função administrativa, abre a todos os interessados, que se sujeitem às condições fixadas no instrumento convocatório, a possibilidade de formularem propostas dentre as quais selecionará e aceitará a mais conveniente para a celebração do contrato. (DI PIETRO, 2005, p. 309).

Historicamente, os instrumentos que tratam de licitação no Brasil – leis, decretos-lei, etc. – se pautam no conceito de administração burocrática, ou seja, no controle por processos, dando-se isto por meio da definição de procedimentos que buscam o controle preventivo de corrupção (BRESSER-PEREIRA, 1998)[1].

Para se ter uma amostra da complexidade deste tipo de controle, a última lei calcada em tal modelo, a de n. 8.666/1993, também chamada de Lei de Licitações e Contratos (LLC), chegou a 126 artigos, contra 90[2] de sua antecessora de 1986.

Eis que em 1997, período em que o Estado brasileiro assumia feições de Estado regulador[3], surge, em meio aos artigos da legislação que deu origem à Agência Nacional de Telecomunicações (Anatel) – Lei n. 9.472/1997 –, a ideia de se utilizar novas formas de licitação que fossem desvinculadas da

1. Segundo o autor, ainda há a possibilidade de tais procedimentos serem aplicados ao controle preventivo de nepotismo.
2. Escândalos de corrupção no governo Collor foram o principal motivo de tal elevação.
3. Sob influência do Plano Diretor da Reforma do Estado, de 1995.

burocrática LLC[4]. A ideia em questão, inicialmente utilizada apenas na Anatel e depois estendida apenas à União por meio de Medidas Provisórias, a partir de 2000, aliás, ambas as práticas inconstitucionais, só veio a se tornar norma geral[5] por meio da Lei n. 10.520/2002. Esta, também chamada de Lei do Pregão (LP), e que passou a vigorar ao lado da LLC, é inspirada nos princípios da chamada administração gerencial, ou seja,

> é orientada para o cidadão e para a *obtenção de resultados; pressupõe que os políticos e os funcionários públicos são merecedores de limitado grau de confiança*; como estratégia, serve-se da descentralização e do incentivo à criatividade e à inovação; e utiliza o contrato de gestão como instrumento dos gestores públicos. (BRESSER-PEREIRA, 1998, p. 28, [grifos nossos]).

E conta com apenas com 13 artigos. Ela ainda se apoia na LLC, dando-se isto apenas nas questões relacionadas ao controle do processo e que à nova legislação não interessaram abordar[6]. À lei atual apenas interessou alterar aquilo que fosse capaz de atingir o resultado dos processos licitatórios, ou seja, a eficiência alocativa dos recursos e a celeridade.

Um dos artigos da LP, o 2º, § 1º, menciona a possibilidade de que esta nova modalidade de licitação seja realizada por meio de recursos de tecnologia da informação e internet, sendo isto passível de prévia regulamentação (BRASIL, 2002).

---

4. Tal lei menciona duas novas formas, uma delas, denominada consulta, nunca saiu do papel; a outra, objeto de análise deste estudo, é denominada pregão.
5. De acordo com o artigo constitucional de n. 22, XXVII, compete à União, privativamente, legislar sobre "normas gerais de licitação e contratação, em todas as modalidades, para as administrações públicas diretas, autárquicas e fundacionais da União, Estados, Distrito Federal e Municípios, obedecido o disposto no art. 37, XXI, e para as empresas públicas e sociedades de economia mista, nos termos do art. 173, § 1º, III" (BRASIL, 1988).
6. Tal interligação se encontra no art. 9º da LP.

Em 2005, a União regulamentou o uso do pregão eletrônico na esfera federal, mesmo ano em que o estado de São Paulo regulamentou a sua; já a Prefeitura do Município de São Bernardo do Campo (PMSBC) providenciou isso em novembro de 2006.

Esta prefeitura veio a colocar em prática tal modalidade eletrônica em 2007, tendo sido realizada a primeira disputa em três de maio.

Espera-se que se possa extrair de tal análise elementos que respondam ao seguinte questionamento: qual é a relação entre o gasto público realizado por meio de licitações neste município e as empresas sediadas nele?

Duas hipóteses norteiam este trabalho: i) a cidade de São Bernardo do Campo (SBC) faz parte do rol dos maiores municípios do estado de São Paulo, logo, os gastos de sua prefeitura tendem a atrair empresas de fora da cidade, principalmente as situadas na capital; ii) tal interesse exterior se intensificou nos últimos anos por conta da iniciativa da prefeitura em adquirir bens e serviços por meio de licitações eletrônicas, as quais tendem a quebrar barreiras regionais.

As compras governamentais, de acordo com Marques (2007, p. 35), apesar de serem "objeto de grande interesse econômico, social e político", são pouco estudadas, apesar do volume monetário anual que movimentam[7].

7. De acordo com o autor, em 2002, os gastos dos três níveis de governo chegaram a R$ 103 bilhões (MARQUES apud MARQUES, 2007).

# METODOLOGIA

A metodologia empregada pode ser dividida em três partes: consiste a primeira em extrair informações do sítio do Sistema Eletrônico de Compras[8], da Coordenadoria de Licitações e Materiais, da PMSBC, sendo escolhida, dentre as opções disponíveis, a de pregões eletrônicos finalizados. Da lista de pregões gerada foram analisados apenas os do ano de 2007. Deste conjunto foram obtidas algumas informações, sendo as principais: a) quantidade total de itens disputados e de fato adquiridos[9]; b) quantidade total de empresas vencedoras de tais itens; c) montante total a ser pago para o fornecimento de tais itens.

Na segunda etapa juntou-se a tais informações a localidade das empresas vencedoras, buscando-se com isto obter os percentuais destinados a cada uma das localidades apuradas.

Por fim, os municípios foram agrupados em três regiões para se verificar a ocorrência ou não de quebra de barreira regional.

# RESULTADOS

Com base na metodologia apresentada, após o término da segunda etapa originou-se a seguinte tabela:

8. http://www.secom.saobernardo.sp.gov.br/WBCc010.asp?moda=3&tipopesquisa=13.

9. Nem todo item disputado é de fato adquirido. A pesquisa identificou um único caso onde não se conseguiu chegar a uma negociação de preço satisfatória, tendo a prefeitura não efetuado a compra (item fracassado).

Tabela 1. Quantidade de empresas, de itens vencidos pelas empresas e de montante auferido pelas empresas, e seus respectivos percentuais, por município – 2007

| Municípios em que se localizam as empresas vencedoras | Quantidade de empresas vencedoras de cada município | % | Quantidade de itens vencidos pelas empresas de cada município | % | Montante auferido pelas empresas de cada município (R$) | % |
|---|---|---|---|---|---|---|
| Guarulhos | 1 | 5,00 | 1 | 1,92 | 100.678,80 | 0,77 |
| São Paulo | 9 | 45,00 | 35 | 67,31 | 1.135.393,10 | 8,65 |
| Brasília | 2 | 10,00 | 2 | 3,85 | 11.540.065,00 | 87,87 |
| São Bernardo do Campo | 3 | 15,00 | 8 | 15,38 | 219.500,00 | 1,67 |
| Suzano | 1 | 5,00 | 2 | 3,85 | 16.244,00 | 0,12 |
| Santo André | 2 | 10,00 | 2 | 3,85 | 82.380,00 | 0,63 |
| Ribeirão Preto | 1 | 5,00 | 1 | 1,92 | 3.320,00 | 0,03 |
| Curitiba | 1 | 5,00 | 1 | 1,92 | 34.986,00 | 0,27 |
| **Total** | **20** | **100,00** | **52** | **100,00** | **13.132.566,90** | **100,00** |

Fonte: elaboração própria.

Apesar de as empresas da cidade de São Paulo terem vencido o maior percentual de itens, ou seja, 67,31%, o maior montante monetário foi para a cidade de Brasília, 87,87%. Tal fato se deve a uma compra de grande vulto de uniformes, vencida por uma empresa de lá, e que totalizou, aproximadamente, 11,5 milhões de reais (a maior compra realizada por pregão eletrônico em 2007).

Desta primeira tabela deriva outra, conforme descrito na terceira etapa da metodologia:

Tabela 2. Quantidade de empresas vencedoras, e respectivos percentuais, por região – 2007

| Regiões em que se localizam as empresas vencedoras | Quantidade de empresas vencedoras de cada região | % |
|---|---|---|
| Região metropolitana da cidade de São Paulo (RMSP) | 16 | 80,00 |
| Interior do estado de São Paulo | 1 | 5,00 |
| Fora do estado de São Paulo | 3 | 15,00 |
| **Total** | **20** | **100,00** |

Fonte: elaboração própria.

Findada a etapa de apresentação de resultados, resta estabelecer algumas discussões na parte posterior.

# DISCUSSÕES

Comparando-se o ano de 2007 aos subsequentes, é notório que a quantidade de itens licitados por meio de pregão eletrônico, no referido ano, é muito inferior aos demais, o que possibilita o pensamento de que o ano em questão foi apenas uma fase de testes da disputa eletrônica no município.

Mesmo a análise recaindo apenas sobre o primeiro ano, já é possível se fazer algumas observações quanto às hipóteses suscitadas: a hipótese "i" foi *confirmada* mediante 45% das empresas ganhadoras estarem sediadas na capital paulista, sendo elas vencedoras de aproximadamente 67% dos itens licitados; já a hipótese "ii" teve um *impacto tímido*, uma vez que 80% das empresas vencedoras são da RMSP, comportamento que se pode esperar de licitações presenciais, ou seja, não realizadas eletronicamente.

Aos próximos passos se reservam a ampliação da análise por meio de amostragens dos pregões eletrônicos ocorridos em 2008 e 2009, assim como a proposição de ações por parte da prefeitura e do empresariado local para que se eleve a participação e a competitividade de empresas do município nas licitações da PMSBC.

# Referências

BRASIL. Constituição (1988). *Constituição da República Federativa do Brasil.* Disponível em: http://www.planalto.gov.br/ccivil_03/constituicao/Constituiçao.htm. Acesso em 15 maio 2010.

BRASIL. Presidência da República. Lei n. 10.520 de 17 jul. 2002. *Institui, no âmbito da União, Estados, Distrito Federal e Municípios, nos termos do art. 37, inciso XXI, da Constituição Federal, modalidade de licitação denominada pregão, para aquisição de bens e serviços comuns, e dá outras providências.* Disponível em: http://www.planalto.gov.br/ccivil/leis/2002/L10520.htm. Acesso em: 15 maio 2010.

BRESSER-PEREIRA, Luiz C. Gestão do setor público: estratégia e estrutura para um novo Estado. In: ______; SPINK, Peter K. *Reforma do Estado e administração pública gerencial.* Rio de Janeiro: Editora Fundação Getulio Vargas, 1998. p. 21-38.

DI PIETRO, Maria S. Z. *Direito administrativo.* 18. ed. São Paulo: Atlas, 2005. p. 308-360.

MARQUES. Felipe. S. Compras governamentais no Brasil e nos Estados Unidos: implicações para os municípios. *Revista de Administração Municipal - Municípios.* Rio de Janeiro: ano 53, n. 264, p. 35-43, out./dez. 2007.

# Normas para Publicação

1. A RECRIE aceita para publicação textos científicos e artigos de relevância cultural sobre temas pertinentes às áreas de Economia e Relações Internacionais, dentro das seguintes linhas de pesquisa: Política Econômica; Economia Política; Economia Política Internacional; Teoria Econômica; Métodos e Técnicas de Pesquisa em Economia; Economia do Meio Ambiente; Economia Internacional; Finanças; Desenvolvimento Regional; História da Economia; Processos de Integração Regional na América Latina; Organismos Internacionais; Política Externa Brasileira; Conflitos Internacionais no Mundo Contemporâneo; Os Governos Subnacionais e as Relações Internacionais; Meio Ambiente e as Relações Internacionais.

2. Os textos serão publicados em português.

3. Os textos publicados são de inteira responsabilidade de seus autores.

4. Os textos devem ser encaminhados, em versão eletrônica, pessoalmente, via internet ou via postal. Não será necessário o envio de cópias impressas. No entanto, é obrigatório o envio, pessoalmente ou por via postal, do ofício (formulário de encaminhamento de trabalhos para publicação), devidamente preenchido e assinado pelo(s) autor(res), solicitando a apreciação do manuscrito, com a autorização para sua publicação, e a indicação da categoria do artigo de acordo com as normas da RECRIE. A notificação do recebimento do texto será encaminhada ao autor por e-mail.

5. Os textos serão classificados nas seguintes seções:

5.1 Artigos: relatos inéditos, completos, de estudos ou pesquisas concluídas. Os artigos devem apresentar, preferencialmente: introdução; métodos; resultados e discussão. Outros formatos poderão, eventualmente, serem aceitos. A Introdução deve reservar espaço para a definição do problema estudado, sintetizando sua importância e destacando as lacunas dos conhecimentos abordados no artigo. Os Métodos utilizados, a população estudada, a fonte dos dados e os critérios de seleção, dentre outros aspectos, devem ser descritos de forma resumida, mas com clareza. Os Resultados devem ser descritos de forma compreensiva, afastando-se o máximo possível de interpretações e comparações. A Discussão deve apostar na interlocução, comparar o estudo com outros dentro da literatura acadêmica existente, apresentar suas limitações e interpretações dos autores, além de indicar as conclusões e os possíveis caminhos para novas pesquisas. O texto deve conter 10 laudas.

5.1 Revisões: avaliação crítica da literatura acadêmica sobre determinado assunto. Deve descrever a delimitação do tema, os procedimentos adotados e apresentar as conclusões de forma clara e objetiva. Deve conter entre 2.000 e 4.000 palavras.

5.2 Debates: relatos de discussões sobre o assunto, questão ou problema apresentado. A estrutura textual é livre, com extensão máxima de até 1.600 palavras.

5.3 Comunicações: relatos sucintos sobre temas da atualidade, trabalhos de pesquisa ou projetos, em andamento ou recém-concluídos. A estrutura textual é livre e com extensão de até 1.600 palavras.

5.4 Relatos de experiências: descrição de experiência que envolva uma intervenção pontual, cuja divulgação possa contribuir para a solução de problemas técnicos do setor. A estrutura textual é livre e com extensão de até 1.600 palavras.

5.5 Depoimentos: relatos de depoimentos e/ou entrevistas. A estrutura textual é livre e com extensão de até 1.600 palavras.

5.6 Resenhas: análise crítica de livros, periódicos, monografias. A estrutura textual é livre e com extensão de até 600 palavras.

6. Procedimentos para a apresentação de trabalhos

6.1 Formatação: o texto deve ser produzido em editor de texto Word, Arial, tamanho 12, entrelinha simples, sem fonte ou atributos diferentes para títulos e seções.

6.2 Utilizar negrito e maiúsculas para o título principal, e negrito e maiúscula e minúscula nos subtítulos e seções.

7. Seleção dos artigos para publicação

7.1 Critérios: os textos enviados para publicação na RECRIE serão encaminhados a dois assessores ad hoc para avaliação. Em caso de pareceres discordantes, o trabalho será encaminhado a um terceiro assessor. O parecer poderá ser favorável à publicação, favorável à publicação com as correções sugeridas ou desfavorável à publicação. Os trabalhos serão avaliados sob os seguintes parâmetros: originalidade, relevância científica, coerência, clareza, qualidade gráfica das ilustrações, de acordo com a ficha de avaliação de artigo.

7.2 Confidencialidade: o parecer do assessor é estritamente confidencial. Os textos são encaminhados aos assessores ad hoc sem menção da autoria assim como as cópias dos pareceres, encaminhadas aos autores.

7.3 Para a publicação, o(os) autor(es) deverão encaminhar, ao Editor da RECRIE, via recrie@fsa.br ou via correio, endereço Av. Príncipe de Gales, 821, Bairro Príncipe de Gales, Santo André – São Paulo – CEP 09060-650 (Setor PROPEX), devidamente preenchido e assinado, o Termo de Cessão dos Direitos Autorais do Centro Universitário Fundação Santo André (encontrados em www.fsa.br). Os textos para apreciação poderão ser enviados para o endereço eletrônico: recrie@fsa.br